会計事務所の
DX
の進め方

Digital Transformation

サン共同税理士法人

税理士　　　　　税理士
朝倉 歩・宮川大介 著

SANKYODO

中央経済社

はじめに

　現代のビジネス環境において，DX の取り組みはすべての業界にとって避けられないものとなっています。特に会計・税務業界は，その保守的な性質と規制の多さから，デジタル化が他業界に比べて遅れていました。しかし，技術の進化と市場の需要は大きく，会計事務所もまた，このデジタル化に対応しなければならなくなっています。

　特に，2022年3月に税理士法の改正を含む「所得税法等の一部を改正する法律案」が，参議院本会議で可決・成立されたことは大きな契機となっています。この改正により，2022年4月から税理士法に「税理士の業務における電磁的方法の利用等を通じた納税義務者の利便の向上等」（2条の3）が新設され，会計事務所は，税理士業務・付随業務における電磁的方法の積極的利用等を通じて納税義務者の利便の向上等を図るよう努めるものとすることが定められました。この改正では，税理士の業務環境や納税環境の電子化といったものから，多様な人材の確保，納税者の利便向上を図る観点から，税理士を取り巻く状況の変化に的確に対応するべく，多くの重要な見直しが行われています。

　税理士業務のデジタル化については，電子インボイスや改正電子帳簿保存法への対応といった実務上の課題対応が急務とされる一方，税理士自身が業務のデジタル化の先陣を切ることで納税者の利便の向上と業務生産性の向上に取り組むとともに，テレワーク導入といった働き方の多様化に対応する必要があります。ビジネスを取り巻く環境が常に変化し，デジタル化の波が大きく業界に影響を及ぼしていく中で，これからの時代に必要とされる税理士がこの課題に取り組まない理由がありません。

　本書は，そんな会計事務所が直面するデジタル化の必要性とその戦略を深掘りし，DX を推進する上での組織作りと具体的な方法論を提案することを主旨としています。そのため，法制度やセキュリティ，IT 機器の運用・管理といっ

た個々の論点の掘り下げや具体的なシステム導入方法について触れることはしておりません。

　本書を手にされた読者が，ここに記述された知識と戦略を用いて，変化の激しい市場環境の中で一歩先を行く会計事務所へと変革を遂げるための一助となればと考えています。

　ともにこれからの会計事務所を盛り上げるべく，デジタルオーシャンの波に乗り出しましょう！

　2024年9月

サン共同税理士法人

朝倉　歩

宮川大介

目　次

はじめに　i

第1章　会計事務所が DX を始める理由 ……………………… 1

1 背　景／1
- ⑴ 税理士業の特徴／1
- ⑵ デジタル化の波／2

2 DX の定義／3
- ⑴ DX とは／3
- ⑵ デジタル化（Digitalization）とは／4
- ⑶ 業務革新（Transformation）とは／5

3 会計事務所が DX を始める目的／6
- ⑴ なぜ DX を進めるのか／6
- ⑵ 生産性向上とは／7
- ⑶ データドリブン経営とは／8
- ⑷ テクノロジーを活用する／8

コラム：サン共同税理士法人の DX の歴史／9

第2章　DX を始める前の準備 ……………………………… 11

1 DX を成功させるために／11

2 戦略は誰が作るか／12

3 DX 戦略を作ろう／14
- ⑴ DX 戦略には 4 つのステップがある／14
- ⑵ 第 1 段階：現状分析／16

業務とデジタル化の推進状況の確認／業務プロセスの可

視化／外部分析

　(3)　第2段階：業務の棚卸・プロセスの見直し／20

　　　俯瞰する／分ける／止める／変える／減らす／投げる

　(4)　第3段階：デジタル化／26

　　　システム選定の方法／システム導入の熱量／SaaS の選定

　　　／API の活用／具体的な目標設定

　(5)　第4段階：評価と戦略の見直し／36

　コラム：働き方への取り組み／37

4　**DX で失敗しないための思考／38**

　(1)　スモールスタート／38

　(2)　HDAC 思考／39

　(3)　取り組みは失敗しても良い／42

　(4)　最初から完璧を求めない／43

　(5)　デジタル化で増えるもの／44

　(6)　コストをどう見積もるか／45

　(7)　UI に徹底的にこだわる／47

　(8)　誰を責任者に選ぶか／48

　(9)　DX を阻む3つの壁／49

　(10)　変化を楽しむ／51

　コラム：理想的な業務プロセス／52

第3章　会計事務所の DX ロードマップ·····················55

1　**DX 推進のフェーズ／55**

2　**支援機関としての役割の期待／57**

3　**規模によって異なる課題／58**

4　**デジタイゼーションの壁／60**

目　次　Ⅲ

第4章　業務別 DX の進め方 ················ 65

1 顧客管理／67
- (1)　CRM とは／67
- (2)　管理情報と要件定義／69
- (3)　柔軟性と拡張性に優れたノーコード／ローコードツール開発／70

2 顧客業務／76
- (1)　会計システム／76
- コラム：会計システムは何を選ぶか／83
- (2)　給与システム／85
- (3)　納　　税／86
- (4)　納　　品／88
- (5)　報告書の作成／90
- (6)　コミュニケーション／91
- (7)　業務デジタル化の KPI／93

3 営業管理／94
- (1)　マーケティング／94
- (2)　商談管理／95

4 生産管理／97
- (1)　スケジュール／97
- (2)　工数分析とログ管理／99

5 販売管理／101
- (1)　見積り・個別請求／102
- (2)　契約・売上管理／103

6 社内業務／106
- (1)　稟　　議／106
- (2)　社内マニュアル／108

IV

(3) 郵送・FAX／108

(4) 書類発行／110

7 **業務の自動化／111**

Web ゆうびん処理の実行／Web FAX 処理の実行／利用者識別番号・利用者 ID 取得／申告のお知らせ取得／源泉所得税の納付指示

8 **これまでの取り組みと利用ツール／119**

コラム：RPA から始まった R&D の取り組み／120

第5章　おわりに ……………………………………………… 123

1 **テクノロジーの進化と会計事務所の未来／123**

2 **AI との付き合い方／124**

3 **求められるスキル／126**

4 **さあ変革に取り組もう／128**

コラム：AI と業界外の動きについて／129

あると便利！　**巻末付録／133**

第1章

会計事務所がDXを始める理由

1 背　景

(1)　税理士業の特徴

税理士業は日本標準産業分類では「学術研究，専門・技術サービス業」に分類されています。これまでの税理士業はどちらかというと専門業であることが重要視されており，専門業としての強み＝個々の学習と自己研鑽にポイントが置かれていました。

組織運営においては個人の能力が重視されるため，情報や技術は特定の人しか知らないものとなり，組織全体の成長にはつながっていませんでした。また，個人を支えるように業務を分業化したことで，業務の標準化がされず，個々の業務を組織全体で改善することが困難な構造となり，業務がブラックボックス化する傾向にありました。

図表1－1　税理士業

業種区分	重視されるもの	資格	価　値
専門業としての税理士業	高度な専門知識	必要	専門性に基づく信頼性
サービス業としての税理士業	顧客対応・顧客満足	不要	継続的な役務提供

これに対してサービス業としての側面からは，顧客との良好な関係を維持するために柔軟で顧客中心のサービスを提供する組織体制が求められます。これには，顧客の声を直接反映できるフィードバックシステムの導入や，クライアントサービス部門の強化が有効です。また，顧客の多様なニーズに対応するために，チームでのプロジェクト管理や，多様な専門分野を持つスタッフでの対応が求められます。

現在の複雑，高度化した顧客ニーズに適時に応えていくために，会計事務所はサービス業の側面から，チームでの顧客対応を前提とした組織と仕組み作りを行うことが重要です。税理士業の組織運営では，専門知識の深化と共有を促進するとともに，顧客中心のサービス提供を実現するための柔軟性を持たせる必要があります。これにより，専門業としての信頼性とサービス業としての顧客満足度の両方を高めることが理想的な組織像と考えます。

⑵　デジタル化の波

コロナパンデミックを経て，社会全体でのデジタル化がより加速していることは疑いようがありません。既に大企業は法改正によってデジタル化への対応を余儀なくされ，時間差で中小企業にもその影響が波及してきています。今後生き残っていく企業，これから創業し成長を目指す事業者にとって，デジタル化への対応は手段ではなく企業存続の前提になります。

会計事務所の業務においては，改正されていく法律が業務のデジタル化を後押ししています。デジタル化を前提にした業務では，大量のデータを迅速かつ正確に処理する能力が求められており，従来の手作業によるデータ管理では対応が困難です。また，顧客のニーズが多様化し，よりカスタマイズされたサービスが要求されています。これには，データ分析をリアルタイムで行えるシステム管理が必須となっています。テクノロジーの進化は，クラウド ERP，AI，ビッグデータといった新しい可能性を会計事務所に提供し，業務プロセスの自動化や効率化を促進しています。

法律の要請，顧客ニーズの多様化，テクノロジーの進化とそれに対応する事

務所運営の観点から会計事務所業界はデジタル化を進めざるを得ない状況にあります。

図表1－2　DXを迫る法改正

日本社会全体	人口減少と労働力不足	労働人口の減少による生産性向上の必要性
	デジタル化推進に向けた政府施策	「DXレポート」「リスキリング」「Society 5.0」など，デジタル化推進に向けた政府の施策
	テクノロジーの進化	クラウドERP，AI，ノーコード・ローコードツール，SaaS，API，ビッグデータの活用
会計事務所業界	税理士法の要請	「税理士の業務における電磁的方法の利用等を通じた納税義務者の利便の向上等」（2条の3）が新設
	法律への対応	電子契約，電子帳簿保存法，電子インボイス，電子情報取扱い，個人情報保護法
	顧客ニーズの変化	クラウド会計の普及，リアルタイムでの情報提供やオンラインサービスの要求，バックオフィスの効率化・デジタル化

2　DXの定義

⑴　DXとは

　"DX"は"Digital Transformation"の略語で，日本語では「デジタルトランスフォーメーション」とも呼ばれています。DXは，一般的に組織やビジネスがデジタルテクノロジーを活用して，業務プロセスやビジネスモデルを変革し，競争力を向上させる取り組みを指します。

　DXは一般に方法論で語られることが多く，成功した事例の紹介とともに特定の分野で業務を効率化させることとして取り上げられている印象です。これは特に，会計事務所におけるDXが特定のツールの導入や既存業務の自動化，

ベンダー主導のシステム導入を指して語られることが多いからと考えます。

これらは DX におけるデジタル化（Digitalization）の部分であるため，根本的な業務革新がなされず，取り組みの多くは途中で頓挫してしまいます。新たなツール探しや他社の成功事例を探し続け，いつまでたっても業務革新（Transformation）の効果が感じられず，組織が疲弊し取り組み自体が失敗に終わってしまいます。これは業務革新による競争力確保が主目的である DX の本義ではありません。

こういった取り組みでは手段が目的化してしまい，当初考えていた業務革新とは程遠いものに時間とお金をかけて取り組むことにつながります。本来の意味での DX は今一度その言葉の定義と目的を明確にする必要があります。

本書では会計事務所における DX を "業務のデジタル化を前提にテクノロジーを活用する土台を作り，既存の業務フローを見直すことで起こしていく連続的な業務革新" と定義し，その戦略的なゴールを "ビッグデータを活用したデータドリブン経営の実現による顧客サービス向上" として，思い描く未来やその実現のためのステップ，具体的な方法について触れていきます。

図表1－3　DX とは

		内　容	必要となるもの
D	Digital（手段）	デジタル化	テクノロジー
X	Transformation（目的）	業務革新	戦略，チーム，風土

⑵　デジタル化（Digitalization）とは

会計事務所におけるデジタル化とは，単に紙の書類や手動での作業をデジタル化することだけを意味するのではありません。それ以上に，データをデジタル形式で収集，保存，処理することにより，情報のアクセシビリティ，分析のしやすさ，および意思決定の迅速化を可能にする環境作りを指します。会計業務におけるデジタル化は，クラウド ERP の導入，電子納税の推進，ワークフローを通じた社内稟議の履歴管理などを通してビッグデータを蓄積し，AI が

分析を行いやすい業務環境を作るための前提となります。

会計事務所のDXにおける「デジタル化」は，技術の導入を超えた，業務プロセスの革新，サービス価値の再定義，および持続可能な成長戦略の核心をなすものと言えます。

(3) 業務革新（Transformation）とは

業務革新は，単に既存の業務プロセスについてテクノロジーを用いて効率化することを超え，会計事務所のビジネスモデルそのものを変革することを指します。変革は，テクノロジーだけでなく，組織文化，オペレーション，および顧客との関わり方においても根底からの見直しを伴います。会計事務所にとっての業務革新は，デジタル技術を駆使して顧客提供価値を高め，顧客のニーズに応じた柔軟なサービス提供が可能な新たなビジネスモデルへの移行を意味します。この過程は，市場の変化に迅速に対応し，競争優位性を持続させるために重要です。

会計事務所における業務革新は，会計事務所が直面するデジタル時代の課題に対応し，成長を持続させるための根本的なビジネスモデル，組織文化，およびオペレーションの全面的な見直しと再構築を意味します。

複雑化する税法，デジタル化の進展，顧客ニーズの多様化といった環境の変化に対応していくためには，会計事務所自らが率先して変革を行い新たなビジ

図表1－4　DXの意義

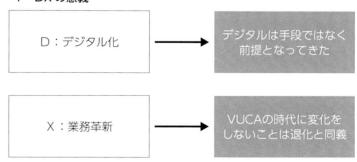

ネスモデルを構築していくことが求められています。

③ 会計事務所が DX を始める目的

(1) なぜ DX を進めるのか

　会計事務所が DX を進めていくことの目的は一言で言うと「会計事務所存続のためにデジタル化を通じて競争優位性を高めること」となります（図表1－5）。会計事務所の成長の両輪は「付加価値増加」と「生産性向上」であり，DX はそれを実践するための土台となります。また，デジタル化への対応は背景にも記載した通り，今後の会計事務所経営の前提として，企業存続のために取り組まなければならないことは間違いありません。

　「会計事務所存続のためにデジタル化を通じて競争優位性を高めること」を大目的とすると，中目的は「生産性向上」「データドリブン経営」「テクノロジー活用」の3点となります。DX を進めるにあたっては目的の定義とともに，目的達成のための目標を設定し，それに必要な個々の条件や手段を考えていく

図表1－5　DXの目的

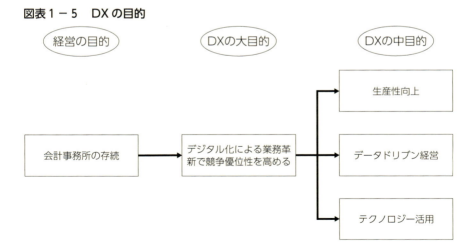

こととなります。効果が得られるのはそれらがすべて実践された後となるため，過度な効果を期待して手段を選ぶことは本旨ではありません。

DX の取り組みとして掲げられるクラウド会計導入やペーパーレス化，ツールの導入等は目標達成のための「手段」となります。また，DX の「目的」とされやすい業務標準化や効率化，ブランディングなどは DX を進めていく過程で生じる「効果」であると考えます。

特に DX はテクノロジー先行で個別の課題解決に焦点がいきがちですが，課題を深掘りしていくと「目的」「手段」「効果」の3つの論点が混在しています（図表1－6）。その中でも最も大切なのは目的を明確にすることです。

図表1－6　DX の目的手段効果

(2) 生産性向上とは

生産性向上は限られたリソースでより高い価値や成果を生み出すことを指します。労働集約型の業界において，同じ時間当たりにより多くの仕事や価値の高い仕事を行うこと，より少ない労力で同じ量の仕事を行うことがとても重要です。

コスト削減の観点からはデジタル化によって自動化技術が導入しやすい環境整備が行われ，再教育にかかる時間が削減されることが期待されます。反復継続する処理は人がやるよりも機械が学習したほうが精度が高く，処理数が増えるほどそれが顕著になります。また，クラウドベースの環境を構築することで，物理的なオフィススペースの必要性を低減し，賃貸料などの固定費も削減する

ことで余剰資源を他の戦略的な投資に回すことができるようになります。

売上増加という観点からは，デジタル化により効率化された業務プロセスによって，従来より多くの顧客業務を迅速に処理することが挙げられます。蓄積したデータを分析し，業務のボトルネックを「見える化」することができるため，業務の質改善を行う正のスパイラルによって，質の高いサービス提供の土台が作られます。

⑶　データドリブン経営とは

データドリブン経営は会計事務所が意思決定プロセスや戦略策定においてデータ活用するアプローチや考え方で経営を行っていくことです。これは，組織がデータを収集，分析し，それに基づいて意思決定を行うことに焦点をあて，主観的な判断や経験に依存する代わりに，客観的なデータを利用して意思決定を行うことを重視します。

業務のデジタル化，クラウド化が進み SaaS 同士を API で連携することが可能な現在の業務環境では，データの収集だけのために従業員に付加的な業務をさせることなく，自動でデータが蓄積しそれを分析・活用する環境を構築することが可能です。数年前までは開発に数百万〜数千万円必要だった投資コストが，テクノロジーの進化により無料からでも自社でビッグデータを蓄積する環境を構築し運用が行える時代になっています。

⑷　テクノロジーを活用する

ここ数年の世の中のテクノロジーの進化は凄まじいものがあります。Googleや Microsoft のビジネスサービスが世の中に流通して10年強，主要なクラウド会計ソフトのサービス開始からも10年程しか経過していません。その間にクラウド上でバックオフィス業務を行うための SaaS が普及し，営業管理，書類管理，請求管理，契約管理，労務管理など主要な業務がデジタル化されていきました。特にコロナ禍がこの流れを加速させたのは間違いなく，バックオフィス業務のプラットフォームはクラウド上にシフトし，この流れが逆行することは

ありません。

　会計事務所がこういった変化の影響を受けづらかったのは，比較的小規模な企業が顧客に多く紙資料からの脱却が進みづらいことや，オンプレミス型の会計ソフトの普及率がいまだに高く，手作業で行われていた経理業務の革新が企業の利益貢献に直結しないため革新の優先順位が低かったこと，会計事務所自体に知見が少なくその対応を進められなかったことが主な理由と考えられます。

　ChatGPT が公開されてからまだ 2 年弱ですが，既にスタートアップや大企業を中心に AI 活用による業務革新は当然のことと考えられており，ビジネスモデルが変わるほどの影響が起こってくることが容易に想像されます。会計事務所での AI 活用についてはまだまだその利用余地が少ないと考えられていますが，それはテクノロジーを活用する土台作りがこの10年で行えていなかったことの裏返しでもあり，大きな危機感を覚えます。

　業務のデジタル化やビッグデータ蓄積を行う仕組み，リスキリングといった環境構築を推し進め，テクノロジーを活用する土台作りを行っていくことが会計事務所の生存戦略になることは間違いないでしょう。

コラム　サン共同税理士法人の DX の歴史

朝倉：サン共同税理士法人は，私が2016年に創設して今年で 9 年目の会社になります。私自身はエンジニアではないですが，今思えば，効率化とか何でもデジタル的にやるのが好きというのがありました。そういう人が始めた税理士法人というところがスタートだったと思います。

宮川：元々は，RPA を進めていたところがデジタル化の取り組みのスタートでしょうか。

朝倉：そうですね。サン共同税理士法人が2016年で，RPA の取り組みが2017年からでした。ロジカル的にも直感的にも，これは導入したほうがよいというものを先を見て導入することを意識しています。今 RPA ではなくないか？　とか，普及するのを見てから入れればよくないか？　という考え方の人たちもいますが，真逆の考えで動いています。先行して導入し，試行錯誤して，その取り組みを諦めないとい

うところが大切なんだと思います。結果として，組織の風土や実際の社内の改革にもつながっていますし，デジタル人材の採用といった良い循環で回るようになってきているのを感じます。

宮川：私は2019年の冬から参画していますが，時間の経過とともに組織がよい循環で改善していっていることを実感しています。朝倉さんを知ったのはセミナーがきっかけでしたが，発信されている考えや世界観に非常に共感し，それが実現したら面白そうだと感じました。その当時は自分がそれをど真ん中で進めることになるとは思っていませんでしたが，今では私がD（Digital）の部分で，朝倉さんがX（Transformation）の部分というような棲み分けで役割分担がうまくできている気がします。

朝倉：宮川さんが入社してコロナというパンデミックを経て，一気にデジタル化の流れが加速したように感じます。元々はDXという言葉は業界に浸透していなかったですし，狙っていたのは「ITに強い事務所」というぐらいでした。創業時から取り組んだ仮想環境やペーパーレスについては，当時取り組みに衝撃を受けた同業の先生がいて，それをそのまま絶対取り入れたいってなって始めましたね。

宮川：私が入社した時にはその土台が既にあったので，大きな変革についても1～2年で浸透させていたということですね。その後にGoogle Workspace，kintoneの導入が全社的には大きい取り組みでしたが，どちらも1年以内のスピード感で導入を進めています。

朝倉：その時々でRPAやDXやAIなど，流行りのキーワードがありますが，業務のデジタル化を全社的に進めることで生産性を上げたいという核の部分は変わらず変革を続けているように思います。その中で，業界の横のつながりが一気に広がって交流を深められたという意味で，2023年はとても大切な1年だったように感じます。

宮川：確かにそうですね。私にとっても刺激が多い1年でした。交流した方たちが皆さん自社の取り組みをオープンにしてくださって，会計事務所業界全体をよりよくしたいというマインドを感じました。取り組みの共有や技術的な情報交換などとても有意義で，継続して交流させて頂ける大変ありがたいご縁を得ました。

朝倉：その流れは間違いなく加速していきますね！　サン共同税理士法人としてもそのど真ん中でよりチャレンジしていきたいです。

第2章

DX を始める前の準備

1 DX を成功させるために

　DX を成功に導くためには，単に技術を導入するだけでなく，組織全体を巻き込んだ戦略的アプローチと具体的な実行計画（ロードマップ）が不可欠です。

　DX 戦略とは，会計事務所がデジタル技術を用いてビジネスモデルや運用を変革し，長期的な目標とビジョンを実現するための総合的な計画です。戦略は，どの技術が導入されるか，どのビジネスプロセスが変更されるか，どのように従業員が関与するかなど，組織の方向性を指示します。適切な戦略がなければ，大規模な投資をしても期待する成果を生み出すことができず，事務所の資源が無駄になる可能性があります。

　DX ロードマップは，戦略を実行するための具体的なステップを示した計画です。これには，プロジェクトの優先順位付け，担当者のアサイン，タイムライン，必要なリソース配分，関連するリスク管理策などが含まれます。ロードマップを作成することで，戦略の目標を達成するための道筋を提供し，進捗のモニタリングと評価を行うことが可能になります。

図表 2 − 1　DXの戦略

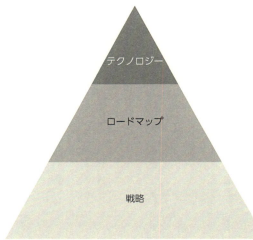

2　戦略は誰が作るか

　DXの戦略やロードマップは所長や決定権のある幹部が主体となって策定しなければなりません。現場から離れている，ITに疎いなどの理由で従業員に丸投げしたくなるかもしれませんが，それでは自社の変革を自分事と捉えられないため推進力に欠けてしまいます。

　業務の変革は，各部署との横断的な調整，制度の変革，既存の業務を縮小させる決定を伴う場合があるため，従業員のみで進められるものではありません。問題意識を持つ業務に詳しい従業員や外部の専門家と連携していくことも必要ですが，所長自身が納得し実現可能な戦略を作っていくことが重要です。

　所長と担当者が一緒に戦略を練る場合には，お互いの見ているものや考えていることが違うことを認識しておく必要があります。

　所長は同業他社や他業界の成功したDXの取り組みを聞いている場合が多く，それを早くやりたい，どうやったらできるかと考える傾向にあります。

　これに対して担当者は顧客業務を主としており，自分以外の従業員の業務の

状況や社内のITリテラシーなどを敏感に感じ取ります。取り組みを進めていく際にも，リソースがないことや他の従業員の抵抗を気にして動けないことが多くあります。

　このジレンマを解消するためにはお互いが歩み寄り，実現したいことの目的や方向性をとことん共有することが必要です。また，取り組みの議論についてはフラットな関係で臨むことが大切です。所長はDXの成果を急ぐ傾向がありますが，実際に取り組む担当者は社内への浸透や効果が出るまでに時間が必要なことを理解しているため，お互いの認識を合わせる必要があります。

図表2－2　DXの阻害要因

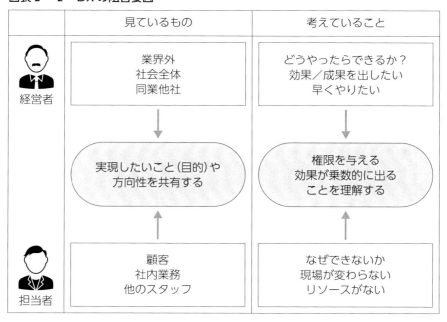

3 DX戦略を作ろう

(1) DX戦略には4つのステップがある

DX戦略は大きく4つの段階に分けられます。

図表2－3　DXロードマップ

第1段階	第2段階	第3段階	第4段階
現状分析	業務の棚卸／プロセスの見直し	デジタル化	評価と戦略の見直し
業務棚卸 業界の中でのポジション 社会の変化	業務プロセスの可視化 理想的な業務の定義 業務フローの見直し	業務のデジタル化 SaaS導入 要件定義・開発	効果測定・評価 目標の見直し

① 第1段階：現状分析

会計事務所が日常的に行っている業務を一つ一つ調べ，それぞれの業務の重要性や時間のかかり具合，効率性を評価します。ステップには現在どの技術が使用されているか，業務プロセスがどのように運営されているか，そして従業員や顧客が直面している問題点を把握することが含まれます。この分析によって，改善が必要な領域が明確になります。

また，会計事務所の規模と市場内での立ち位置を踏まえた上で，どのような技術が競争力を高めるのか，または業界の標準に適合するために何が必要かを理解します。また，技術の進化だけでなく，顧客の行動や期待，法規制の変更など，社会全体の動向を考慮に入れます。これらの変化が会計事務所の経営にどのように影響を与えるかを分析し，将来的な戦略にどう組み込むかを考えます。

② 第2段階：業務の棚卸・プロセスの見直し

　ここでは，社内のすべての業務を詳しく見直し，どの業務が効率的でないか，またはデジタル化によって改善可能かを特定します。業務プロセスの効率化や簡素化を目指し，不要な手順を削減します。これは後のデジタル化をスムーズに進めるための最重要なステップです。

③ 第3段階：業務のデジタル化

　この段階では，選ばれた業務をデジタル技術を用いて改善します。これには，クラウドベースのツールへの移行，自動化ソフトウェアの導入，デジタルコミュニケーションツールの活用などが含まれます。目的は，業務効率を高め，エラーを減らし，データアクセスを改善することです。

④ 第4段階：評価と戦略の見直し

　デジタル化の実施後，その成果を評価し，必要に応じて戦略を見直します。この評価には，達成した目標，改善された業務プロセス，およびROI（投資対効果）の測定が含まれます。見直しを通じて，さらなる改善点を特定し，持続的なデジタル変革を目指します。

　何をすべきかが決まったら，それぞれの施策をいつまでにやるのかを決めていきます。戦略期間である3〜5年後にどのような状態になっているのか，といった目標から逆算することも一案でしょう。直近数年の事業を継続させるために，テレワーク環境を早急に整えなければならない会計事務所もあるかもしれませんし，DXへの取り組みを全社に広げるために，まずは目前の業務の改善に先に取り組むべきかもしれません。

　予算に余裕があるのであれば，全社的なペーパーレス化を進めながら新たなビジネスモデルを模索していくという具合に，改革を同時並行的に進めることもできるでしょう。DX戦略は自社の推進状況やリソースに応じて描いていきましょう。

(2) 第1段階：現状分析

① 業務とデジタル化の推進状況の確認

　DX戦略を策定するためにまずは業務を分類し，デジタル化の進捗状況を確認していきます。導入しているシステムがある場合にはシステムを記載し，現状とデジタル化の推進レベルを記載していきます。この棚卸は業務についての解像度が高いほど効果を発揮するため，業務に詳しい担当者とともに行うことが望ましい手続きです。

　会計事務所の業務を攻めのDXと守りのDXに分けるとその業務はそれぞれ下記の通りとなります。なお，攻めのDXは「ビッグデータの活用により事業の拡大や売上の増加に寄与する業務のDX」，守りのDXは「既存の業務プロセスを最適化し，コスト削減や効率化を進めることで既存業務の維持と強化を目指すDX」とします。

【攻めのDX】

顧客業務	会計事務所の根幹となるサービスです。内容を細分化すると，申告，納税，記帳代行，給与計算といったものから，相談業務，提案業務，代理店業務などの付加価値業務まで，顧客に対して提供し売上のもととなる業務のすべてが該当します。
顧客管理	顧客管理は顧客業務を支える要の業務です。顧客情報の管理方法（紙，Excel，CRMなど），コミュニケーションの手段（往訪，Webミーティング，チャット，メール，電話），資料授受の方法（郵送，スキャン，FAX）が主な内容です。
営業管理	マーケティングは会計事務所の売上増加につながる取り組み（Web問合せ，顧客紹介，提携先紹介等）の管理状況，問合せや商談時の情報蓄積の有無について記載していきます。会計事務所によってはリード情報を管理するMA，商談受注を管理するSFAを導入しています。

第 2 章　DX を始める前の準備　　17

【守りの DX】

生産管理	スケジュール管理方法（ホワイトボード，業界特有の管理システム，Google などの Web サービス等），工数分析の導入の有無，PC や業務システムのログ管理といったセキュリティ管理体制について記載します。
販売管理	見積書や請求書の発行，保管といった社内ルールを確認していきます。書類の種類によって Excel 管理やクラウドツールの利用などが分かれていたり，担当者と方法が部署によって異なる場合があり，棚卸にあたっては社内ルールを確認した上で経理部門との連携を行う必要があります。
労務管理	従業員情報の管理から，勤怠・タイムシートなどの管理，日々の業務日報提出の有無を確認します。労務管理の入口は採用管理となるため，人事部門と連携し，労務システムの管理を総務が行う場合には双方で連携して確認します。
書類管理	顧客と結んだ契約書の管理方法，預かった書類の保管体制やその手段（紙，データ）を棚卸します。共有サーバの有無やフォルダ管理方法の確認など情報システム部門が担当している場合が多いでしょう。
社内業務	休暇申請などの社内稟議，報酬振替のための収納代行管理，電話対応，郵便，FAX といった総務部門が管理する業務や，システムの保守やアカウント管理といった情報システム部門の業務，交通費申請や物品購入稟議といった経理業務について確認を行います。

18

図表 2 - 4　攻めの DX と守りの DX

分類	業務	内容例	デジタル化推進状況
攻めの DX	顧客 業務	税務 委託業務（記帳・給与計算） 会計・給与システム コミュニケーション 納品	デジタル化推進レベル例 レベル0：未着手／管理なし レベル1：紙 レベル2：Excel等のファイル管理 レベル3：システム導入（オンプレミス型） レベル4：部分的な SaaS 導入／ペーパーレス化 レベル5：全社システム導入〜データ蓄積 デジタル化進捗度：0〜100%
	顧客 管理	顧客情報 進捗管理	
	営業 管理	マーケティング 新規問合せ 商談	
守りの DX	生産 管理	スケジュール 工数分析 ログ管理	
	販売 管理	見積書 請求書 入金管理	
	労務 管理	勤怠 日報 従業員情報	
	書類 管理	契約書 書類保管 マニュアル	
	社内 業務	稟議 各種申請 総務（電話・郵便・FAX) システム管理 経理	

②　業務プロセスの可視化

　棚卸した業務について現状の業務フロー図を記載していきます。業務フロー図は，縦軸と横軸で「いつ（When）」と「誰が（Who）」を表現し，図に「何を（What)」行っているかを記載します。

業務フロー図はまずはホワイトボードや紙に手書きで行うと整理がしやすくなります。特定の手続きについて生じるタスクについて，付箋でブレインストーミングを行って整理していくことも有効な手段です。

　業務フローを確認していく過程で，当初意図していた業務プロセスの実施状況や業務目的の理解度に所長と従業員の間で乖離があることが浮き彫りになります。この乖離の確認を行うステップが，DX を進めていく上でも特に重要なステップとなり，この手続きを省略するとデジタル化を進める際の手戻りや，

図表 2－5　業務プロセスの可視化

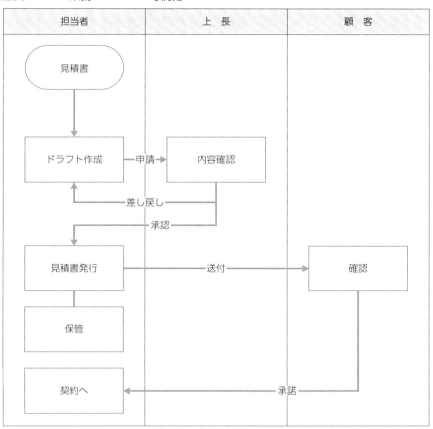

導入後のムダが多くなってしまいます。業務の正しい手順とそれを行う目的について，このステップで徹底的に議論し，あるべき業務プロセスについての再確認を行うことが重要です。

③　外部分析

　戦略を策定する上で，業界や組織を取り巻く環境について客観的に見つめ直すことが重要です。社会全体の環境変化，法改正や顧客ニーズといった外部環境の変化が会計事務所にどのような影響を与える可能性があるかを考えない戦略は無謀です。また，DX を進めていく業務領域に優先順位を付けるため，会計事務所の規模やステージ，地域性や特化領域をもう一度見直す必要があります。

　会計事務所の状況によっては必ずしもデジタル化や業務革新を行う必要のない業務もあり，改めてそれを見直すことでブレない戦略を策定していくことができます。分析には PEST や SWOT 分析などのフレームワークを活用することができます。

図表 2 - 6　外部分析の例

規模	ステージ	特徴	地域性
1〜10人	創業期	創業支援	都心
11〜30人	成長期	経営支援	地方都市
31〜50人	安定期	相続特化	地方
51人〜	衰退・再成長期	高度税務	バーチャル

⑶　第2段階：業務の棚卸・プロセスの見直し

　第1段階で確認した業務について DX 後の理想的な業務とそのプロセスを描き直します。このステップでプロセスの全体像を理解するとともに効率性や生産性を低下させているボトルネックを特定し，理想となる業務プロセスを検討します。このステップで出てくる課題について書き留めて以降のステップで

検討していきます。

ボトルネックはプロセスの流れが遅くなるポイントで、これが原因で全体の生産性が制限されます。例えば、あるタスクの処理時間が長く、後続の作業が待たされる場合、そのタスクはボトルネックになります。また、手順が不明確であったり、二重で処理をしたりしているケースなども該当します。

理想となる業務プロセスは、業務に直接関与している担当者からのフィードバックを集め一緒に考えます。見直しにあたっては下記の手順で1つずつあるべき業務の形を議論していきます。

図表2−7　業務見直しのステップ

① 俯瞰する

　「業務を俯瞰する」というのは，一歩離れたところから業務全体を見て，業務の流れやその仕事が会計事務所全体でどう位置付けられているかを確認することです。このとき，会計事務所の構造や使っている技術なども考えながら，今の仕事の流れや技術の使い方をしっかり理解し，それが会計事務所の大きな計画とどう結びついているかを見ます。全体を見ることで，新しい改善のチャンスを見つけ出し，デジタル技術を使って仕事の流れをより良くする計画を立てます。

　業務を俯瞰するためには，まず会計事務所の業務の流れ全体を把握し，特に重要な部分を確認します。次に，仕事の流れの中で情報がどのように動いていて，部署やシステム間でどうやってやり取りされているかを理解します。これをもとに，現在の仕事の流れがどれだけ効率的で効果的かを評価し，デジタル化でどこが改善できるかを特定します。

② 分ける

　「業務を分ける」とは，大きな１つの仕事を細かく分割してみることです。それぞれの小さな仕事に最も合う技術や方法を考え，適用します。この方法は，仕事の内容に合わせて，誰が何を担当するかを決め，会計事務所のリソースを上手く使うことを目的としています。自動化を進める際も，仕事を細かく分けておくと，処理が複雑になりにくくなります。このように業務を分けることで，プロセスがより透明になり，デジタル化による業務改善の効果を高めることができます。

　業務を分けるためには，まず業務全体の仕事の流れを把握し，それぞれの目的と成果をはっきりさせることから始めます。異なる業務がどのように依存し合っているかを理解することが大切です。ただ，業務を分割する時には，必要以上に細かく分けすぎないように注意しましょう。

③ 止める

「業務を止める」とは，デジタル変革の過程で，もう役に立たず効率が悪いプロセスやシステムを見つけ出して，その運用を終了させることを意味します。目的は，これらのリソースをもっと価値のある活動に振り向けて，組織の効率や競争力を向上させることにあります。止めるべき業務は，会計事務所の目標にとって不要なもの，コストが利益を上回るもの，または新しい技術で置き換えられるものです。

業務を止めるためには，まず現在の業務プロセスをしっかり評価します。この評価には，業務のコストと効果の比較，リスクの評価，そしてその影響を分析することが含まれます。選ばれた業務を止めるには，徐々に進める方法をとり，関係者に事前に知らせ，必要な研修を提供し，移行計画を実行することが大切です。データの移行やシステムの統合も，この過程で検討します。

業務を止める際には，従業員や顧客への影響を最小限に抑えるために，計画を立て，十分にコミュニケーションを図ることが大切です。変更に対する抵抗を管理し，関係者をサポートするための体制を整える必要があります。データの安全性や法令遵守を確保し，システム間の互換性を確認する上でも，プロセスの中断や情報が失われることを避けるために適切なリスク管理とバックアップ管理を心がけましょう。

④ 変える

「業務を変える」とは，会計事務所の業務のやり方をデジタル技術の活用で見直し，より良くすることです。この取り組みでは，仕事の非効率な部分を見つけ出し，業務の流れを変更することや，情報の流れをスムーズにすることを通じて，速さ，透明性，柔軟性を向上させることを目指します。これにより，コストを減らし，生産性を高め，顧客の満足度を上げることが期待されます。

この過程ではまず，問題となる部分や改善すべき点を特定します。その後，適切なデジタル技術を選び，導入計画を立てて，業務の流れを再設計します。業務のやり方を変えるときは，従業員が新しい方法に反発しないように，計画

的な説明と研修を行うことが大切です。また，業務手段の変更によって人の判断力や顧客サービスの質が落ちないように注意し，システムがうまく動作するか，データが安全かもチェックする必要があります。変更の進行状況を定期的にチェックし，必要に応じて業務を修正していくことが求められます。

⑤ 減らす

「業務を減らす」とは，デジタル技術を使って，必要のない仕事をなくし，仕事を効率的にすることです。この方法は，余分な作業を省き，手作業を減らす自動化，そして仕事の流れを改善することで，会計事務所の運営コストを下げ，生産性を上げることを目指します。目的は，会計事務所の資源をもっと価値のある活動に使い，全体のビジネスの成果を高めることにあります。

業務を減らすためには，各作業の価値と必要性を見極めます。必要ないあるいは重複している業務を見つけ出し，不要な手続を省略したり，自動化技術を導入していくための大切なステップです。この過程は，従業員の仕事や対顧客業務に悪影響が出ないように注意しながら進める必要があります。

⑥ 投げる

「業務を投げる」とは，会計事務所の職員が自分の仕事の中で最も大切な部分に集中できるように，特定の業務を外部に任せたり，機械を使って自動的に行わせたりすることです。アウトソーシングは，主に本業ではない業務に使われ，自動化は繰り返し行う作業や流れに使われます。

業務をアウトソースまたは自動化するためには，まずどの業務を外部に委託するか，どの業務を機械に任せるかを決めるための調査や分析が必要です。

このように業務を他社に委託したり，自動化したりする際には，仕事の品質の低下，サービスのレベルの低下，個人情報やデータの安全が保たれているかといった点に注意を払う必要があります。アウトソーシングする場合は，信頼できるパートナーを選ぶことが大切です。自動化する場合は，従業員が新しいシステムを使いこなせるように，適切な研修やサポートを提供することが必要

第2章 DXを始める前の準備 25

です。どちらの方法も，社内のコミュニケーションと従業員へのサポートを
しっかり行うことが成功への鍵です。

　例えば固定電話で電話を受けるという業務について，手順に沿って考えてみ
ましょう。

① 固定電話を使った業務を俯瞰する

　まずは，固定電話を使っている全体の業務を見てみましょう。どのよう
な用件の電話が多いのか，誰がどれくらいの時間を電話に費やしているの
かを把握します。また，電話を受けることでどのような成果が得られてい
るかも考えます。

⇩

② 固定電話を使った業務を分類する

　次に，固定電話を使用する業務をいくつかのカテゴリーに分けます。例
えば，顧客からの問合せ，社内からの連絡，営業関連のコールなどに分類
できます。それぞれのカテゴリーで，電話の頻度や内容，必要性を評価し
ます。

⇩

③ 固定電話を使った業務を止められるか

　固定電話を使用する業務を完全に止めることが可能か検討します。止め
ることができる場合は，その業務にどのような代替手段があるかを考えま
す。また，止めた場合のリスクや影響も考慮する必要があります。

⇩

④ 固定電話を使った業務を他のものに代替できるか

　固定電話を受ける業務を他の手段で代替することができるかどうかを検
討します。例えば，オンラインチャットシステム，メール，またはスマー
トフォンアプリを使うことによって，電話の必要性を減らすことが考えら

れます。

⇩

⑤ **固定電話を使った業務を減らせるか**

　固定電話の使用を減らす方法を考えます。自動音声応答システムを導入して，必要な呼び出しにだけ，人間が応答するようにするなど，効率化を図ることができます。

⇩

⑥ **固定電話を使った業務をアウトソースできるか**

　最後に，電話を受ける業務を外部に委託することができるかどうかを検討します。コールセンターやアウトソーシングサービスを利用することで，社内のリソースを他の重要な業務に集中させることが可能になります。

　このようにして，固定電話を受ける業務の各段階を評価し，デジタル化を前提にした最適な改革を行うことで，会計事務所全体の効率を上げることができます。

(4)　第3段階：デジタル化

①　システム選定の方法

　第2段階で考えた業務プロセスを実現するための解決策について検討していきます。デジタル化を前提に考えて検討するため，解決策はシステムの選択とします（システム選択が解決策とはならない場合も同様に検討します）。選択にあたっては，導入後の定着までを考えて検討を進めていくことが大切です。下記にそれぞれのステップごとのポイントと留意点を記載します。

ⅰ）システムの検討

　自社のニーズに合ったシステムを探します。どの業務がデジタル化によって改善されるか，どのような機能が必要かを詳細にリストアップします。また，将来的にどのような拡張が必要になるかも考えておくことが重要です。会計事

務所の規模を拡大していくことを考えた場合に，コストやシステムの拡張性を検討しないと，不要なスイッチングコストを生むことになります。

ⅱ）システムの選定

　検討したものの中から具体的なシステムを選びます。価格，サポート体制，機能性，ユーザーの評判，セキュリティ対策といったさまざまな角度から比較検討し評価していきます。この選定プロセスには，所長やIT部門だけでなく，実際にシステムを使用する担当者の意見も取り入れると，より実用的で適切な選択ができます。

ⅲ）システムの導入

　実際に選んだシステムを職場に導入します。この段階では，システムをスムーズに運用開始できるよう，従業員への案内とトレーニングが重要です。どのようにシステムを使うか，どのようなメリットがあるかを理解してもらい，導入初日から効果的に利用を開始できるように準備します。また，データの移行計画もこのタイミングで行い，既存データを新システムに安全に移行させます。

ⅳ）システムの定着

　最後に，システムの定着を図ります。新しいシステムが日常の業務にしっかりと根付くよう，継続的なサポートと評価が必要です。問題が発生した場合は迅速に対応し，担当者からのフィードバックを受けて必要な改善を行います。さらに，定期的にシステムの使用状況をチェックし，予想された効果が得られているかを評価し，必要に応じてさらなる教育や機能の追加を行うことが重要です。

　これらのステップを丁寧に実行しなければシステムの導入は失敗し，会計事務所の業務効率化が進みません。それぞれのステップでしっかりと目的と目標

28

を持ちつつ，関連する担当者間のコミュニケーションを確保し，プロジェクト全体の進行状況に関して透明性を保つことが，トラブルを未然に防ぎ，スムーズな導入を促進するのです。

② システム導入の熱量

　システムの選定・導入にあたっては，所長と従業員の取り組みへの熱量が時期によって異なることを理解しておく必要があります。

　情報収集段階では，導入の効果に目がいくため，所長の熱量が高い傾向にあります。対して従業員はやり方を変更することによる負荷をネガティブに捉えるため熱量は高くありません。この時期には変革を通じて，会計事務所が目指す組織像やプロジェクトの目的を言葉にして伝えていくことが大切です。

　実際にシステムを導入しても，すぐに効果を感じることはできません。大抵の場合は，システムの仕様によって実現できないことが明らかになったり，全体に浸透せず当初のシステムとの二重運用期間が長期化してしまったりする傾向にあります。この時期に導入による効果を少しずつ実感し，成功体験を積み上げないと，導入は失敗で終わってしまいます。

　システムの定着にあたっては，導入後に社内からのフィードバックを通じて

図表 2 − 8　DX導入の流れと熱量

フェーズ	情報収集／試用	導入	試運転／再設計	定着
モチベーション（所長）				
モチベーション（従業員）				

メンテナンスしていけるかが非常に重要です。社内への浸透という大きな壁を越えられるかが成功の鍵となります。所長は導入ができるとすぐに効果を期待してしまいますが，社内にシステムが定着し効果を得るまでには，大きなギャップがあることを理解してこの時期を粘り強く見守る必要があります。

③　SaaS の選定

　SaaS（Software as a Service）は，「サービスとしてのソフトウェア」と訳され，インターネットを通じて提供されるソフトウェアのことを指します。

　業務のデジタル化を行うためには，業務ごとに最適な SaaS を選択することが鍵となります。高度 IT 人材を揃え，システム開発を行うといった，高額な投資を行わなければならなかったプラットフォーム構築が，サブスクリプションですぐにサービスを利用でき，ノーコードで開発や保守が行えるようになっています。今後もこの方向は加速していき，SaaS 連携を前提とした業務改善はますます進んでいくと思われます。

　SaaS を利用する場合，ソフトウェアを自分のコンピュータにインストールする代わりに，インターネットを通じてソフトウェアを使用します。これにより，データはクラウド（インターネット上のサーバー）に保存され，どこからでもアクセスが可能になります。また，ソフトウェアの更新やメンテナンスもサービス提供会社が行うため，ユーザーは常に最新の機能を利用できるという利点があります。

図表 2 − 9　SaaS を選ぶ 6 つのポイント

UI	デザインはシンプルか，見やすいか
機能	やりたいことができるか，何ができないか
価格	最低料金，事務所規模拡大時の料金，オプション，API 利用料
柔軟性	設定のカスタマイズが可能か
拡張性	付加機能の充実度，今後の開発予定
連動性	API 公開の有無，データインポート・エクスポート可能かどうか，連携可能ツール

30

SaaS を選ぶ際には以下の6つのポイントから選択します。特に重要なのは機能と見た目がシンプルであること，開発会社が今後もシステムの拡張を行っていくかどうか，API が公開されているかという点になります。

ⅰ）UI（ユーザーインターフェース）

SaaS の UI がシンプルで見やすいことは非常に重要です。UI の質は，日々の業務の効率に直結します。使いやすいデザインであればあるほど，従業員がストレスなく操作でき，作業の速度や正確性が向上します。また，直感的に理解できる UI は，新入社員の研修時間を短縮し，全体としての生産性の向上に貢献します。シンプルでクリアなデザインは，従業員が迷わずに必要な機能を見つけられるため，作業効率を大幅に改善することができます。

ⅱ）機　　能

SaaS を選定する際には，提供される機能が組織のニーズに合致しているかを確認することが肝要です。具体的には，必要とされる業務がすべて実行可能か，またその逆に不必要な機能でコストがかさむことはないかを検討する必要があります。機能が豊富すぎると使いこなすのが難しくなりがちで，逆に機能不足だと業務が滞ります。適切な機能選びは，業務の効率化とコストパフォーマンスの両方に影響を及ぼします。

ⅲ）価　　格

価格は SaaS 選定の際に非常に重要な要素です。最低料金だけでなく，事務所の規模が拡大した場合の料金体系や，追加のオプション，API 利用料についても事前に把握しておく必要があります。料金が明確で，将来的なコスト増加も見込みやすいサービスを選ぶことで，予算管理が容易になり，長期的な計画も立てやすくなります。コストパフォーマンスの良いサービス選びは，企業の財務健全性を保つ上で重要です。

iv）柔　軟　性

　SaaS のカスタマイズ可能性，つまり柔軟性は，企業ごとの特有のニーズに対応するために重要です。業務の特性に合わせてシステムの設定を調整できるかどうかは，そのシステムが企業内で実際に役立つかどうかを大きく左右します。柔軟な設定が可能な SaaS は，異なる業務や変わる環境にも対応でき，使用する部署や従業員の満足度を高めることができます。

v）拡　張　性

　SaaS の拡張性は，事業の成長とともにシステムが適切に対応できるかを示します。利用可能な付加機能が充実しているか，また開発の予定があるかを確認することは，将来的なニーズに対応できるかどうかの判断材料になります。拡張性が高い SaaS は，新しい業務要求や市場の変化に柔軟に適応し，長期間にわたって企業の成長をサポートする重要な基盤となります。

vi）連　動　性

　SaaS を選ぶ際に連動性は極めて重要です。まず，API 公開の有無は重要な要素です。API が公開されていると，他のツールやサービスとの連携が容易になり，業務プロセスの効率化が図れます。また，データのインポート・エクスポート機能も確認すべきです。これにより，既存のデータを新しい SaaS に移行する際の手間が減り，データの一元管理が可能になります。さらに，他の連携可能な SaaS を確認することも重要です。たとえば，CRM システムと連携できるマーケティングツールや，会計ソフトと連携した経費管理システムなどがあります。これにより，異なる業務プロセス間での情報共有がスムーズになり，業務全体の効率向上につながります。連動性を重視することで，柔軟でスケーラブルな業務環境を構築することが可能となります。

　ここ数年で SaaS の市場はサービスが乱立し，カオスマップが複雑化しているため，サービスを選ぶ側も何を選んで良いのかわからなくなってきています。

他の会計事務所が利用しているからという理由だけでなく，検討するサービスについて同一分類の SaaS で最低でも 3 種類は比較をしたいところです。SaaSの組み合わせは無限大にあり，その中から本質的な機能を組み合わせていくことは，生産性向上が必須な現代の錬金術のようなものだと考えます。

　SaaS は一定規模まで開発されていくと，どのシステムにも必要となりそうな基本機能（スケジュール，タスク管理，承認／通知機能）が実装されていく傾向にあります。なんでもできる SaaS というのは，個々の機能で見ると特化しているサービスに比べて弱い傾向があります。機能の多さではなく，社内のDX を進める上で必要な機能を見極めて選択することがとても大切です。特に気を付けるべきことは下記となります。

☑全体業務における SaaS の位置付けを明確化

　会計事務所全体の業務において，選定する SaaS が何の役割を果たすのかを明確にすることは，効率的な業務運営とコスト削減に直結します。例えば，顧客管理や請求管理など，特定の業務に特化した SaaS を適切に選ぶことで，それらの業務を効率的に処理し，全体の生産性を高めることが期待できます。

☑既存 SaaS との重複機能の検討

　SaaS の選択においては，既に利用している SaaS との機能重複を避けることが重要です。重複機能の存在は，余分なコストや業務の複雑化を招くことがあります。そのため，新たに導入を検討する SaaS が提供する機能を詳細に調査し，既存のシステムとどのように異なるか，または補完するかを把握することが必要です。各部署からのフィードバックを得ることも大切で，全体的な業務効率化を図るための最適なツール選びが可能になります。

☑導入の目的は何かを再検討

　SaaS を導入する際には，その目的をはっきりさせましょう。目的が不

明確だと，適切なサービス選択が困難になり，導入後の効果も期待しにくくなります。例えば「業務の効率化」や「社内コミュニケーションの円滑化」「進捗管理の見える化」など，具体的な目的を設定し，それに基づいて最適な SaaS を選ぶことが重要です。目的に応じた選択を行うことで，導入後の成果も明確になり，評価が容易になります。

☑導入後に期待する効果

　SaaS 導入の最大のメリットは，即時性と柔軟性にあります。導入が迅速で，必要に応じてスケールアップやカスタマイズが可能なため，変化するビジネス環境に即座に対応できます。導入後に期待される効果としては，業務の自動化による時間削減，エラーの減少，データ管理の向上などが挙げられます。また，全体の間接コスト削減も見込まれるため，これらの点を明確にしておくことが，導入の成功につながります。

☑効果が期待できない場合にサービスを止める基準

　SaaS の導入効果が期待通りでない場合，サービスの継続を見直す必要があります。この判断基準としては，導入目的に対する達成度，コスト対効果，利用者の満足度などが考えられます。特定の期間（3ヶ月程度）を設けて定期的にこれらの指標を評価し，改善が見られない場合には他のオプションを検討することが賢明です。このように柔軟に対応することで，無駄な投資を避け，常に最適なツールを利用することが可能です。

　選択する SaaS とその活用が会計事務所の生産性に直結すると言っても過言ではなくなってきているため，十分な時間をかけて比較検討していきましょう。

　世の中には便利そうな SaaS がたくさんあるため，なんでも利用したくなってしまいます。特に，他の会計事務所がある SaaS を活用して上手くいっている事例を見ると，飛びつきたくなってしまいます。しかし，不要な SaaS の導入は× SaaS の数だけの不要な通知・承認やアカウント管理を必要とし，利用料以上の間接コスト増を生むことになり逆に非効率になってしまいます。

④ APIの活用

　SaaSの真価を引き出すにはAPI（Application Programming Interface）の理解と活用が欠かせません。APIとは，異なるソフトウェア間でデータをやり取りするためのルールや仕様のことで，これを利用することで異なるサービスが連携し合うことが可能になります。例えば，請求管理ソフトと顧客管理ソフトをAPIで連携させることで，請求データと顧客データの自動同期が実現し，業務の効率化が図られます。今までは分業化された業務をつなぐ部分で膨大な間接コストが生じ，業務全体を俯瞰して見直す改善が機能していませんでしたが，APIを活用することで大幅な改善が図られる可能性があります。

　APIの利用にはいくつかのメリットがあります。まず，開発の効率化とスピードアップが挙げられます。APIを使うことで，既に存在する機能を再利用できるため，ゼロから新しい機能を開発する必要がなくなります。また，APIを通じて複数のアプリケーションがスムーズに連携することで，ユーザーエクスペリエンスの向上が期待できます。

　一方で，APIの使用には留意点もあります。セキュリティは最も重要な懸念事項の１つです。APIを通じてデータが外部に露出するリスクがあるため，適切なセキュリティ対策とデータ保護が必須です。また，APIの仕様が更新されると，それに依存するアプリケーションも修正を迫られる場合があるため，常にAPIのアップデートを確認し，適切に対応する体制を整える必要があります。

　DXを成功させるためには，SaaSとAPIの効果的な活用が鍵となります。これによって，業務の効率化，コスト削減，ユーザーエクスペリエンスの向上を実現し，会計事務所の競争力を高めることができます。デジタル技術の進化を活かして，柔軟かつ効率的なビジネス運営を目指しましょう。

⑤ 具体的な目標設定

　会計事務所における業務のデジタル化は，他業界に比べて進んでいるとは言えず，見直す必要がある業務が多くあります。逆に言えば，業務のデジタル化

第2章　DXを始める前の準備　35

を着実に進めるだけでも，業界内での差別化が図れ，今後の会計事務所作りの基礎を作ることができるといっても過言ではありません。

　デジタル化については業務ごとに目標を設定し優先順位と期限を決めます。大幅なシステムリプレースがある場合には1年スパンで考えなければならないものもありますが，通常は3ヶ月程度で実施していくことが可能です。リソー

図表2−10　目標設定のポイントと内容

目標設定の ポイント	内　　　容
優先順位付け	業務インパクトが大きい　重要かつ緊急度の高いものから実施していきます。緊急度が低くても重要度が高いものは，取り組み始めてから効果を上げるまでに時間がかかることが多いことから早めに着手します。
期限の設定	いつまでに進めるのか明確にし全社にアナウンスを行います。顧客業務の改善である場合，決算期ごとに見直すと見直しに1年間かかるため着手を早めます。
リソースの確保	繁忙期（12〜3月）を避け，閑散期に取り組みを開始できるよう準備を進めます。 予め担当する従業員のリソースを調整しておくことが大切です。
予算管理	事前調査をしておかないと，オプション料金や各種サービスの連携の際に追加の料金が発生することがあります。また，現状の規模ではなく将来目指す組織規模で利用できるコストかどうかを検討する必要があります。 外部業者に開発を依頼する場合もイニシャルだけでなく，保守に係るコストを見積もっておきましょう。
トレーニングの 実施	システムの導入には全社的に展開する場合のトレーニングが欠かせません。実施時期や担当者を予め決めて逆算で導入を進めましょう。
成果の測定	デジタル化の進捗は浸透率と業務改善の効果で考えます。 生産性向上の評価は削減された工数×単価で考えると視覚的に評価することができます。
継続的な改善の 仕組み作り	DXはシステムを導入して終わりではありません。 利用者からのフィードバックの仕組み（改善要望の吸い上げ），継続的なシステム設定のメンテナンス，さらに良い方法を模索することをし続ける仕組み作り（デジタル推進チームや会議設定など）が組織の風土形成に大切です。

スについては経営陣，IT部門，その他の部門の関係者を巻き込む必要があるため，繁忙期を避け，全員が目標に集中できる時期に進めましょう。

　目標を設定したらデジタル化の進捗を定期的にチェックし，必要に応じて戦略を調整します。目標達成の度合い，予期せぬ障害の発生，テクノロジーの変化などを考慮に入れ，計画を柔軟に更新することが重要です。これによって常に最適な戦略を維持し，効率的なDXを実現します。

(5)　第4段階：評価と戦略の見直し

　第4段階は実施されたデジタル化の取り組みを評価し，今後の戦略に反映させるための重要なプロセスです。この評価結果をもとに戦略やリソース配分を見直し，必要であれば再度ビジョンの見直しを行います。

　デジタル化が完了した後，まず行うべきことはその成果の評価です。ここでの目的は，設定された目標が達成されたかどうかを確認することです。これは，業務効率の向上，コスト削減，顧客満足度の改善，新しい収益源の創出など，具体的なKPI（重要業績評価指標）を用いて測定します。評価は客観的なデータに基づいて行うことが重要で，これによりデジタル化の影響を正確に把握できます。

　成果の評価に加え，関係者からのフィードバックを集めることも重要です。これには従業員，顧客，そしてパートナー企業からの意見が含まれます。フィードバックを通じて，デジタル化の取り組みが日常業務にどのような影響を与えたか，また予期せず発生した問題や新たなチャンスについての洞察を得ることができます。この情報は，問題点の修正や次のステップの計画に直接活用されます。

　評価とフィードバックをもとに，既存のDX戦略を見直し，必要に応じて計画を更新します。デジタル環境は常に変化しているため，戦略もこれに適応させる必要があります。技術の進化，市場の動向，競争状況の変化など，外部環境の変動を考慮に入れ，戦略を柔軟に調整することが求められます。

　DXは一度きりのプロジェクトではなく，継続的な取り組みが必要です。評

価と戦略の見直しは定期的に行われるべきで，これにより組織は継続的に改善を重ね，デジタル化の利益を最大化できます。DX戦略はビジョンを達成するための中期的な道しるべに他なりませんが，必ずしも頑なに固執して何年もかけて実行するただ1つの計画とは限りません。想定していた未来と異なる現実が訪れている場合には，柔軟に見直しを図ることも必要となるでしょう。将来にわたって競争力を保つためには，このプロセスを組織文化の一部として定着させ，風土作りを進めることが重要です。

コラム　働き方への取り組み

宮川：働き方としてテレワークの取り組みを聞かれることが多くありますね。

朝倉：コロナ前から取り組んでいたこともあり，雑誌の掲載などで注目されたことが大きかったですね。テレワーク運用ガイドラインなどルール作りにも早くから取り組んできました。ただ，テレワークという言葉が世の中に広がっただけで，本質は時間や場所に依存しない職場環境と働き方の多様性を認めるという取り組みの1つだと思っています。

宮川：確かに働き方の多様性を認めているという風土は入社当時から変わっていません。

朝倉：職業専門家としての理想の働き方を組織として追求しているというイメージの方がよいかもしれませんね。そういう意味では，オフラインの重要性も理解しているので，出社したくないとかコミュニケーションをとりたくないとか，テレワークを権利で考える方は働き方がマッチしないかもしれません。

宮川：今では電子調書化を中心としたペーパーレス環境での業務環境作りや顧客とのコミュニケーションなど，業務という観点だけで言えば場所を選ばず仕事が完結できますが，そこに至るまでには課題も多かったですね。

朝倉：そうですね。取り組む中で課題も出てきますが，いち早くそれに気づいて改善を繰り返すこと自体に価値があると感じています。特に教育体制とコミュニケーションは意識していて，ツールの導入だけではなく，社内の仕組み化も日々見直しています。そういった気づきは日報のコメントなどの従業員の発信で認識することが多く，気になったことは小さなことでもすぐに組織全体の課題として取り組むように意識し続けています。

宮川：日報で取り組んでいることや課題など発信してくれるので，会って話すよりも気づかされることが多いです。社内の DX を行う際の課題認識も，日報のコメントがきっかけで気づきを得て，コメントした従業員と直接コミュニケーションをとっています。

朝倉：テレワークを進める際に一般的に懸念されることはあまり課題ではなくて，もっと違った軸での組織の改善点に気づけたことが大きいと思います。仕事の進捗管理やセキュリティ対策などは仕組みや技術で解決できることも多いため，取り組みが組織にとってマイナスになることはなく，むしろ効率的にしていけますが，プラスの効果を生むためにはオフラインを上手く組み合わせていかなければいけないですね。

宮川：テレワークはあくまで手段ですので，オフラインでの非言語コミュニケーションは非常に重要ですし，普段がリモートだからこそ会った時の打合せの密度が高くなってきているなと感じます。これは社内でもお客様に対しても同様だと思います。手段でデジタル化を進めると，「アナログに強くてデジタル対応できる人」になってしまいますが，大切なのは「デジタルに強くてアナログ対応できる人」だと思います。DX が進んでも仕事の本質は変わらないので，そこは組織にしっかり昇華させていきたいです。

---

4 DX で失敗しないための思考

(1) スモールスタート

スモールスタートは大規模な一括投資や変革を行うのではなく，小さな取り組みから段階的にデジタル化を進めるアプローチです。大きな効果や大規模な機能の実装を一度に追求するのではなく，小さな成功体験を積み重ねながら進めていきます。

スモールスタートの最大の利点は，リスクの管理が容易なことです。小規模な取り組みから始めることで，失敗したとしてもその影響を最小限に抑えることができます。また，小さな成功を積み重ねることで，チームのデジタル化に対する理解を深め，組織全体のモチベーションの向上にもつながります。これ

図表 2 –11　スモールスタート

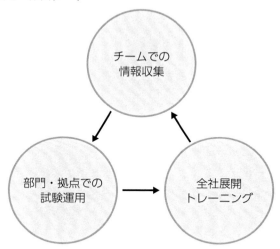

により，段階的により大きな変革に挑戦する基盤を固めることができます。また，小さく始めることでフィードバックを素早く取り入れられることも利点です。

　DXは早めに小さく失敗し，簡単な機能や改善を積み重ねて成功体験を積み上げていくことが大切です。失敗したことの分析を行い，デジタル化のノウハウを蓄積することで，次の取り組みのアイデアや改善点を早めに試していきましょう。

⑵　HDAC思考

　デジタル化を進めていくにあたってHDAC（Hypothesis, Do, Action, Check）思考が大切です。これはPDCA（Plan, Do, Check, Act）サイクルの変種であり，DXにおけるプロセス改善やイノベーションの枠組みとして活用されます。以下にそれぞれの要素を解説し，進め方の留意点を解説します。

図表 2 −12　HDAC 思考

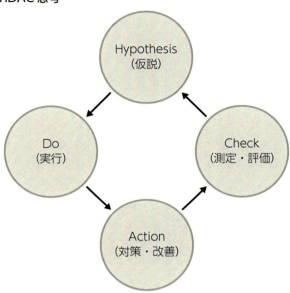

① Hypothesis（仮説）

　仮説を立てるとは，具体的なアイデアや変革の方針について，その効果や成果について予測することです。これは，業務変革において，デジタル化をなぜするのか，そしてそれがどのような結果をもたらすかを予想する作業です。

　例えば，顧客サービスの改善を目指す場合，仮説として「顧客がオンラインでミーティングできるようになると，顧客満足度が向上する」というものが考えられます。ここでの仮説は，オンラインサポートを提供することが顧客に好まれるという予想です。

　仮説を立てる際には，以下のようなポイントに留意します。

具体性	仮説は具体的で明確なものであるべきです。何をするか，なぜそのようにするのかを明確に示しましょう。
検証可能性	仮説は検証可能であるべきです。実際のデータや結果を通じて，仮説が正しいかどうかを評価できるように設計される必要があります。
予測性	仮説は将来の出来事や結果についての予測を含んでいます。そのため，データや経験に基づいて合理的な予想を立てることが重要です。

　デジタル化における仮説は，変革の方向性や戦略の基礎となります。適切に立てられた仮説は，プロジェクトの方向性を明確にし，成功の可能性を高めるのに役立ちます。

②　Do（実行）

　実行とは，仮説に基づいて，実際に計画したアクションを実行する段階です。これは新しいデジタルツールの導入，プロセスの変更，サービスの改善，または試作アプリの運用などを含みます。DXの推進においては，まずは失敗しても良いから試してみることが大切です。

　新しいアイデアや提案が浮上した場合には，柔軟に変更を受け入れ，必要に応じて計画を修正します。ソフトウェア開発におけるアジャイルの思想を取り入れることで，変化に迅速に対応し，柔軟にプロジェクトを進めることができるようになります。アジャイルの核心は，「計画を緻密に立てるよりも，状況に応じて柔軟に対応する」ことにあります。デジタルの世界では技術や市場のトレンドが非常に速いペースで変わるため，計画通りに進めている間にも環境が変化してしまうことがよくあります。アジャイルの発想では，小さく始めて，継続的にフィードバックを受けながら，プロジェクトを徐々に改善し拡大していくことが重視されます。

③　Action（対策・改善）

　対策・改善とは，実際に行動を起こして改善を行う段階です。この段階では，仮説（Hypothesis）や実行（Do）の結果を評価し，必要な対策や改善を行い

ます。成功した要素は強化し，失敗した要素は修正します。アクションの評価には客観的なデータや指標を使用し，フィードバックループを構築することが重要です。

アジャイル思想においては Check（測定・評価）をするよりも，実行したことに対して対策と改善を繰り返してより良いものに昇華していくことが優先されます。仮説 ⇒ 実行 ⇒ 対策・改善というサイクルをいかに早く何度も回していくかが鍵となります。

④　Check（測定・評価）

測定・評価とは，実施したアクションの結果を定量的・定性的に評価し，目標達成度やプロセスの効率性を確認することです。設定した仮説に対して，実行や対策・改善に伴う評価を行うために関連するデータを収集します。得られた情報をもとに，次のサイクルに向けた改善計画を策定します。目標に対する達成度や，達成された成果を確認し，課題や問題点も特定します。

DX においては，PDCA よりも柔軟性や迅速性が求められる場合があります。仮説駆動型のアプローチは，データや事実に基づいた意思決定を促進します。これにより，組織はより客観的で効果的な変革を実現できます。HDAC は，より迅速かつ具体的な試行サイクルを重ねることができるため，変化の速いDX の推進に適したアプローチです。

(3)　取り組みは失敗しても良い

DX は，革新的でリスクを恐れず，新しい価値を創造する取り組みです。特に会計事務所のような，税務や会計といったミスが許されない精密な業務を扱う業界は，完璧を求められる減点方式の思考が一般的です。しかし，DX の世界ではこの考え方を改める必要があります。

DX においては，初めの一歩が10点の成果であっても，それは大きな前進であり，称賛に値する成功です。通常業務の減点方式の考え方に対して，求めら

れるのは加点方式の考え方です。なぜなら，デジタル変革のプロセス自体が学び，成長し，改善していく旅（DXジャーニー）だからです。初期の試みが完全に成功しなくても，その経験から得られる洞察や学びは次のステップへとつながり，徐々により大きな成功を実現する土台を築くことができます。

　失敗を恐れずに挑戦し，小さな成功を積み重ねることが，最終的に大きな変化を生み出します。DXの取り組みは，会計事務所が現代のビジネス環境に適応し，顧客への提供価値を高めるようにするための重要な業務革新の手段です。ポジティブなマインドセットで，どんな小さな成功も祝福し，それを次の成功へのステップとしていくことが鍵となります。

⑷　最初から完璧を求めない

　DXを進める際に，最初から完璧を求めるという考え方は，プロジェクトを遅延させたり，失敗に導いたりする原因となります。初期段階から完璧を求めることの問題点は，不必要な工数と過剰な期待を生むことです。DXにおいては，変化は常に進行中であり，一度にすべてを解決しようとすると，変革のスピードを失い，全体としては影響の小さな業務のデジタル化に膨大な工数を割くことになってしまいます。

　例えば，請求書や見積書のデジタル化を推進する際に，導入したシステムでは今までと同じ書式での書類作成を行えないことが往々にしてあります。この問題が発生した際に，別のシステムを検討することや，対応策を不要に検討することはプロジェクトのスピード感を失うこととなります。標準では対応できない書式が全体で発行する書類の何割を占めるのかを洗い出し，場合によっては社内の標準書式をシステム対応しやすい書式に変更することを検討しなければなりません。今までと同じ作業を行うために業務革新を行うわけではないことを今一度意識し，業務を標準化し，効率化する仕組みに変えていくことが求められる対応です。

　上記の例で言えば，システムの導入初期段階では，複雑な書式には最初からシステムでは対応しないことを社内で周知し，一部はシステム外で対応するこ

とも必要かもしれません。その場合にも，社内の承認プロセスは必ず同じ手続きを踏む必要があることを明確にしておきます。機能が多くあるシステムでも，すべてが理想的なものは最初から実現できないということを理解しておく必要があります。

⑸　デジタル化で増えるもの

デジタル化が進む中で，必ずしもすべての業務が効率化されるわけではなく，場合によっては非効率となってしまう業務も出てくることがあります。これには下記のようないくつかの原因が考えられます。

①　過剰なツール導入

新しいシステムを導入する際，それぞれが異なる機能を持っているため，業務が複雑化し，かえって時間がかかるようになることがあります。システムが多すぎると，それらを使いこなすために必要な時間が増え，効率が落ちることがあります。

②　データ管理の複雑化

デジタル化によりデータが大量に生成されるようになりますが，これを効果的に管理しないと，情報の検索や整理に手間がかかり，非効率を生む原因となります。システムの数だけ同様のマスタを管理しなければならないような事態は避けたいところです。

③　スキルとトレーニングのギャップ

従業員が新しいシステムに慣れるまでには時間がかかります。特に，IT リテラシーが低い従業員が多い場合，トレーニングに多くの時間とコストが必要となり，一時的な生産性の低下を引き起こすことがあります。

デジタル化を進める際には上記の問題を念頭に置きつつ，下記の対策を検討

しましょう。

　導入するデジタルツールを厳選し，業務に本当に必要なものだけを選ぶようにします。また，可能であれば機能が重複するツールは削減し，ツール間の連携を強化することで，操作の簡素化と効率化を図ります。

　蓄積したデータの管理や分析は利用する頻度も少なくなりがちなため，DXを進める過程では優先度を下げ，必要となる都度データを切り出して分析したり，外部のBIツールに連携したりするなど，ハイブリッドに取り組むことが望ましい進め方です。

⑹　コストをどう見積もるか

　DXを進める際には，さまざまなコストが発生します。各コストの内容と定義，特に間接コストが軽視されがちな理由とその対策について考えます。

①　直接コスト

　直接コストにはシステムのイニシャルコスト（導入初期にかかる設計，開発，導入費用など）とランニングコスト（システムの運用，維持管理にかかる定期的な費用）が含まれます。直接コストは具体的な金額が明記されるため，予算設定や管理が比較的容易です。

②　間接コスト

　間接コストは，プロジェクトに関わる人的資源の投下時間や，システム導入後の運用変更に関連するコストです。具体的には，プロジェクトに投じる担当者の時間，新システムの保守に必要な時間，新たな承認プロセスや通知手順の設計と実施などが含まれます。間接コストは直接的な出費ではないため，見過ごされやすく，計画段階での評価が難しいコストです。

【間接コストが軽視されがちな理由】

　間接コストは非金銭的なものが多く，その影響が具体的な数字で表されにく

く，プロジェクトの初期段階では予測が困難です。

【対　策】

　プロジェクトの計画段階で，関係者全員の時間を見積もり，これをコストとして計上することが考えられます。運用変更による追加の手順や時間を事前に評価し，その効果とコストを検討します。

　ここで，社内の間接コストが無限に増えてしまう3つの要因について触れておきます。DXを進める際には，これらを意識して直接コスト以上に間接コスト削減を意識しましょう。

伝言ゲーム

　組織が階層化すると判断や決定の権限の所在がわかりにくくなります。
　ex. 誰に聞けば良いか，誰が決定権を持っているかが不明

複写ゲーム

　利用するシステムが増えると同じデータのコピー，手入力が増えていきます。
　ex. 従業員データや顧客データ，同じ情報を何度も入力

確認ゲーム

　何階層もの確認，承認が必要になっていきます。会議のための会議を行うことにもつながります。
　ex. 承認ボタンを押すことが目的になる，会議をすること自体が目的になる

　これらが無限増殖しそうになるときは目的に立ち返って，まずは決めてみる，試しにやってみる，業務の廃止をする，プロセスの見直しを行うことが大切です。

③　潜在コスト

　潜在コストは，将来的に発生する可能性のあるコストで，具体的には導入担当者の退職後の再学習コスト，システムのリプレースコスト，長期的な保守コストなどがあります。これらのコストは予見しづらいため，導入時には想定しなかった出費となります。

　サービス選定時に再学習がしやすいものを選ぶことや，導入に際してマニュアルの整備を行っていくことが対策として考えられます。

　DX の成功は，これらのコストを適切に理解し，管理することに大きく依存しています。直接コストだけでなく，間接コストや潜在コストにも目を向けることで，より効率的で効果的なデジタル変革を推進できます。プロジェクトの全フェーズにおいて，これらのコストを「見える化」し，適切に対処することが，持続可能な DX を実現する鍵となります。

⑺　UI に徹底的にこだわる

　システムを設定・構築していく際に，UI（ユーザーインターフェース）が非常に重要となります。UI とは，人とシステムとの間でのやり取りの境界面を指し，これにはボタンの配置，色使い，レイアウト，応答性など，利用者が直接操作する部分全般が含まれます。良い UI は，使いやすさを向上させ，効率的な作業を促進する一方で，悪い UI はユーザーの混乱を招き，生産性を低下させます。

　システムの UI が改善されたことで，1 人当たりの操作時間が 1 日に 5 秒短縮される場合，20日働く月では 1 ヶ月あたり100秒の時間節約になります。100人の従業員がいれば，それだけで 1 ヶ月に10,000秒，つまり約167分の労働時間が削減されます。年間にすると2,000分，5 年間で使用するシステムなら10,000分にもなります。これは，間接コストを大幅に削減できるだけでなく，その時間を他の価値ある作業に再投資できることを意味します。この発想は UI だけでなく，システムの入力項目を追加するかどうかを検討する際にも有

用な考え方です。

　UI は一貫性のあるデザインを採用し，直感的でシンプルなものが理想的です。配置はどの順番が良いか，初期表示や絞り込みはどのように設定していくか，使う側の視点に立って考えることが大切です。また，社内マニュアルもシステムとは別のところに保管され，お互いが連携していない場合が多いですが，システム内に Web リンクを貼り付けるなど，誰もがわかりやすいよう整えておくだけで，初めて利用する従業員でもシステム利用の心理的なハードルを下げることができます。

　効果的な UI は単に見た目が良いだけでなく，組織の生産性を向上させ，間接コストの削減に直結します。デジタルツールの導入や改善において，UI にこだわることは，ユーザーの作業効率を高め，結果として組織全体のパフォーマンスを向上させるために非常に重要です。

⑧　誰を責任者に選ぶか

　会計事務所の規模によって，プロジェクトは 1 名～数名で進めていくことが理想的です。DX 自体が新しい取り組みであるため，求めるスキルを持った人材は社内にも社外にもいないことが通常です。社内に専門的なデジタルスキルを持つ人材がいない場合，適切な責任者の選定と育成が非常に大切です。

　責任者に向いている人材は下記の特徴を持つ従業員で，実務に明るい人が理想的です。

①　学習意欲と適応性が高い

　DX を推進する上で最も重要なのは，技術的なスキルだけではなく，新しい技術や変化に対して積極的に学び，適応できる能力です。そのため，学習意欲が高く，柔軟性に富んだ考え方ができる人材を選ぶことが重要です。特に最近のシステムはノーコード・ローコードであるものが多く，昔のように高度なプログラミングスキルは不要で，考え方さえ理解すれば，プロジェクトを進めながら学習できるものが増えてきました。

② コミュニケーション能力が高い

DX責任者は，IT部門だけでなく，経営層や他の部署とも密接に連携し，プロジェクトを推進していく必要があります。そのため，優れたコミュニケーション能力を持ち，他人と効果的に協力できる人材が適任です。

③ 問題解決能力を持つ

DXプロジェクトでは予期せぬ問題が頻繁に発生します。問題に直面したときに冷静に対処し，解決策を見出す能力が求められます。

DX推進に向く責任者は通常業務でも成果を出すことのできる人物であることが多いため，所長が意識してリソースを配分しないとプロジェクトに割く時間を捻出することができません。必要な工数を見積もって通常業務の負荷の軽減を行うなどの対応が必要です。

また，新しい技術や方法の導入は，しばしば従業員からの抵抗を招きます。これに対処するためには，変革の目的とプロセスを透明にし，従業員が持つ不安を理解し，適切に対応することが重要です。

これを乗り越え，組織文化としてDXを受け入れることができれば，変革が正のスパイラルで循環し，その成果は会計事務所の生産性向上につながることは間違いありません。このような組織的な取り組みが，デジタル時代における競争力の源泉となります。

⑼ DXを阻む3つの壁

DXを阻む壁は大きく3つあります。どれも大きな課題であるように感じますが，事前に壁を認識しておけば心構え1つでプロジェクトのスピードは大きく変わってきます。

50

図表 2 −13　DX を阻む壁

第 1 の壁 第一歩が踏み出せない	第 2 の壁 業務プロセスが 変えられない	第 3 の壁 全社展開ができない

①　第 1 の壁：第一歩が踏み出せない

　DX の道のりで最初に直面する壁は，「第一歩が踏み出せない」という問題です。多くの企業がデジタル化の重要性を認識しつつも，具体的にどのように進めていけば良いかがわからないと感じています。初期投資の大きさ，人材の不足，どの技術を選ぶべきかの不確実性が主な障壁となります。また，既存の業務に忙殺され，新しい取り組みに時間を割く余裕がないという現実もあります。この壁を乗り越えるためには，明確なビジョンと段階的な実施計画が必要です。小規模なプロジェクトから始め，徐々に拡大していくことで，リスクを抑えつつデジタル化を進めることができます。

②　第 2 の壁：業務プロセスが変えられない

　次に直面する壁は，「業務プロセスが変えられない」という問題です。多くの企業で見られるのが，古いシステムや慣習に固執し，必要な変更を行えないことです。特に，日々の業務で発生する例外事項に対応できるようにカスタマイズされたシステムが，変更やアップグレードを困難にしています。このような場合，業務プロセスを根本から見直し，デジタル化に適した形に再設計する必要があります。ここで重要なのは，従業員が新しいシステムや方法に適応できるよう，適切な研修とサポートを提供することです。

③　第 3 の壁：全社展開ができない

　最終的な壁は，「全社展開ができない」という問題です。初期の成功を収めたチームがあっても，その成果を会計事務所全体に広げるのは一筋縄ではいきません。異なるチーム間での調整が難しい，組織全体での統一されたビジョン

が欠けている，あるいは各チームのニーズが大きく異なるため，1つの解決策がすべてに合うわけではないという状況があります。全社的な展開を成功させるには，トップダウンでの強力なリーダーシップと，チーム間での緊密なコミュニケーションが必須です。また，異なるチームが同じ目標に向かって努力できるよう，共通の目標を設定し，それに基づいた計画を策定することが求められます。

⑽　変化を楽しむ

　DX は，単にテクノロジーを導入する作業ではなく，仕事のやり方を根本から改革するプロセスです。DX を進める上で，新しい技術やツールに触れることは避けて通れません。初めは使い慣れないかもしれませんが，積極的に操作を試みることで，その便利さや効率性が見えてきます。新しい技術を学び，それを使って業務を効率化し，かつては不可能だったことを可能にする瞬間のことを想像してみてください。これはただの作業効率の向上ではありません。

　そのプロセスでは，常に新しい課題が伴います。新しいシステムの導入，業務プロセスの変更やデジタル化は，困難を伴うかもしれませんが，それらの挑戦を解決する過程で，大きな成果と能力をもたらしてくれます。問題を解決するたびに自信がつき，DX の進行がよりスムーズになります。

　また，DX は個人だけでなく，チーム全体の取り組みです。チームで協力し，知識を共有することで，各人の見解やアイデアがプロジェクトに新たな視点をもたらし，より良い解決策が生まれることがあります。会計事務所は個人で業務を行うことが多いため，チームで取り組むプロジェクトは新鮮な刺激をもたらしてくれます。

　DX に情熱を持って取り組むことは，新しい技術を積極的に学び，挑戦を受け入れ，チームと協力し，日々の成果を楽しむことから始まります。これらを実践することで，DX のプロセス自体が仕事の新たな楽しみとなり，より大きな成果へとつながっていくでしょう。

　DX をただの義務や作業として捉えるのではなく，1つの情熱的な冒険とし

て楽しむことは，組織にとって新たな発見と創造の源泉となります。

コラム　理想的な業務プロセス

宮川：社内の DX を進めていると，日々の業務プロセスにいかに無駄が多いか，手続きを踏むことの大切さが社内に浸透していないかということに気づきます。サン共同税理士法人の場合は，業務管理システムを kintone で開発したことがきっかけで，あるべき手続き（個々の業務プロセス）を絶対に妥協しない取り組みを構築し直すきっかけになったと感じています。

朝倉：法人税申告書などの納品物については二重チェックなどの仕組み化がされている会計事務所が多いですが，顧客との契約締結，それに伴う請求発行のプロセス，社内稟議などの仕組みを導入しデジタル化しているところは少ないですね。

　作業量は減らしても業務プロセスについては理想の姿を追求したいものです。

宮川：確かにあるべき手続きを追い求めていくことは重要で妥協できない部分です。

　システム構築の際には，業界内では当たり前となっていても，他の業界では非常識となる業務プロセスがないかを考え続けていくことを非常に大切にしています。

朝倉：小さなことでは，上司が日報を必ず確認することや，見積りや契約書の承認プロセス，申告書レビューの三段階チェックなど，デジタル化と自動化で作業は極限まで減らしていますが，業務プロセスのあり方は仕事の質にも直結するので重視していますね。

宮川：効率化だけに注目されやすい DX で，業務プロセスを見直し，その必要性も社内に浸透させていくことで，手続きを妥協しないでやる文化というのが築かれていきますね。手続きを1つ1つ見直して，デジタル化した場合の最適化を行うことは大変な作業ですが，それを行う過程での議論が深く，見直していくプロセス自体に価値があります。

朝倉：テレワーク1つを取っても，効率化やただの手段ではなくて，規程を作成して常にやり方を見直し，あるべきテレワークを考え続けています。

　ただ家で作業をすることとは求めている姿は違うものですね。

宮川：社内の DX 化の具体的な業務プロセスを描く部分や目指すべき手続きのようなものは，幹部で議論して何度も練り直しています。

　ブレインストーミング中はお互いの領域で自由に議論しますが，役割分担がはっきりしていて課題を持ち帰り，それぞれが検討したものをまとめてシステム化して

いく流れができています。

朝倉：それぞれの業務での理想の手続きを，技術的に実装できるか宮川さんが検討しているイメージですよね。

そういった議論は1人で進めるよりもお互いの強みを活かして今後もオープンに進めていきたいですね。

小さな差がどんどん大きな差になって組織の風土が形成されていく感覚があります。

宮川：DXのX（業務革新）の根幹は業務プロセスの刷新と捉えています。改善とは違うので，まずは現状否定から入って，あるべき手続きを追い求めていく必要があります。

こういったDXの取り組みを続ける一番の効果は，取り組みがうまく循環すると前向きな組織の風土が形成されていくことですよね。

試行錯誤することや，新しいやり方にチャレンジして成果につなげていくことにポジティブになれます。

朝倉：ボタン1つで色々なことが自動化できるという業務の将来像がありますが，今後も必要な手続きや目的の共有などはショートカットしないで，地道に進めていきたいですね。

宮川：目的や業務プロセスの浸透については「業務基準書」を通してアナログで地道に進めていきます。

DXのDは"泥臭い"のDでもあると思っているので，一歩ずつ省略しないで取り組みを浸透させていきましょう。

第3章

会計事務所のDXロードマップ

1 DX推進のフェーズ

経済産業省の「DX支援ガイダンス」によると，デジタル活用段階のフェーズは下記の4段階に分けられます。

① デジタル化が全く未着手

② デジタイゼーション

③ デジタライゼーション

図表3－1　DX推進のフェーズ

	デジタル活用段階のフェーズ			
	アナログ	デジタル化の実現		DXの実現
	①デジタル化が全く未着手	②デジタイゼーション	③デジタライゼーション	④DX
詳細	✓紙や電話を使用する**アナログ業務が中心**，デジタル化が図られておらず，効果なし	✓**業務標準化・業務効率化**による事務負担軽減・コスト削減の効果が少しずつ発生	✓**デジタルツールやインフラ**を活用し，業務効率化によるコスト削減・データ利活用による業務改善を実現	✓デジタル化によるビジネスモデルの変革や競争力強化・データ活用による販路拡大や新商品開発を実施
取組例	✓受発注をFAXや電話のみで実施 ✓勤怠管理として出勤簿に判子を押印	✓顧客との連絡手段をFAXから電子メールに切り替え	✓在庫情報システムによる在庫量・発注量の管理 ✓顧客管理システムによる効率的な営業活動の促進	✓蓄積されたデータを活用した販路拡大や新商品の開発による付加価値の向上

出所：経済産業省「DX支援ガイダンス　概要版」4頁

④　DX

それぞれの段階は下記のように定義されています。

---

①　デジタル化が全く未着手の段階（段階1）

☑いまだに紙や電話のような口頭による業務が中心で，従来のアナログな状況の中で業務が進められており，デジタル化が図られていない状態。

☑例えば，受発注をFAXや電話のみで実施する，勤怠管理として出勤簿に判子を押印している状態。

②　デジタイゼーションの段階（段階2）

☑従来のアナログな状況から，デジタルツールを利用した業務環境へ移行しており，業務標準化や業務効率化による，事務負担の軽減やコスト削減といった効果が表れはじめる状態。

☑例えば，顧客との連絡手段であれば，従来ではFAXを利用しているところを，電子メールの利用に切り替えるといった取り組み。

③　デジタライゼーションの段階（段階3）

☑デジタルツールやインフラを活用することで，更なる業務効率化によるコスト削減や，新たな効果として，データ利活用による業務改善を実現することができている状態。

☑例えば，職人技術のデータ化，在庫情報システムによる在庫量の管理や適切な発注量の管理，顧客管理システムによる効率的な営業活動の促進等。

④　DXの段階（段階4）

☑業務レベルを超え，デジタル化によるビジネスモデルの変革や競争力強化に取り組み，企業の「トランスフォーメーション」を進めている状態。

☑例えば，蓄積されたデータを活用した販路拡大や新商品の開発による付加価値の向上，自社の経営改善のために開発したデジタルツールの外販による新事業の創出等。

出所：経済産業省「DX支援ガイダンス　概要版」8頁

このうち，中小企業におけるDXの取組状況としては，段階1（デジタル化が全くの未着手の段階），もしくは段階2（デジタイゼーションの段階）が全体の約3分の2を占めている状況であり，中小企業におけるDXの取り組みは道半ばです。

会計事務所に限っても，この割合は非常に高いものと思われます。弊所でDXの相談を頂くケースでも，ご相談の多くは段階2のデジタイゼーションが進まないという課題がほとんどです。紙の資料を中心に行ってきた業務からの変革は，一筋縄ではいきません。

会計事務所のDXを進める際には，自社がどのフェーズにあるのかを正しく認識し，デジタイゼーションの先にある，ビジネスモデルの変革や新事業創出などが行えている状態を目指して現状の課題に取り組むことが大切です。会計事務所におけるDXの推進は，単にデータをデジタル化するだけでなく，新しいテクノロジーを駆使して業務の質を向上させ，クライアントに新たな価値を提供することにあります。デジタイゼーションが基盤を築く一方で，デジタライゼーションがその上でビジネスの革新を推進する役割を果たします。会計事務所がこれらのステップを踏むことで，業務の効率化だけでなく，競争上の優位性を確立することが期待されます。

2 支援機関としての役割の期待

DX支援ガイダンスの中では外部のDXを推進する支援機関の例についても触れられており，士業もその役割を期待されていることがわかります。

【具体的な支援機関の例】

地域金融機関（地方銀行，第二地方銀行，信用金庫，信用組合など）
地域ITベンダー
地域のコンサルタント（ITコーディネータ，中小企業診断士など）
SaaSツール事業者

大手ITベンダー

公益財団法人，一般社団法人，地方公共団体

商工会，商工会議所，中央会

士業等（税理士，公認会計士，社会保険労務士，情報処理安全確保支援士等）

各業界団体

大学・教育機関

ただし，支援機関自身のDXへの取り組みが遅れていることが課題となっているのが現状です。DX支援を実施する以前に，支援機関自身のDXの取り組みが遅れており，自身のDXを進めることが，支援機関としてまず乗り越えるべき課題であると認識されています。

会計事務所が自身でSaaSツールを使用していなければ，中小企業に対して自信を持って紹介することは難しく，レガシーシステム対応で足元のビジネスが成り立っている状況では，変革の必要性を感じず，危機感も低くなりがちです。中小企業のDXが遅れているのは会計事務所自身にも原因があると言えるでしょう。

デジタル化が前提となっていく社会で，会計事務所がこの課題に対応しないと，人材の採用，生産性向上，新規顧客獲得といったすべての面でうまくデジタル化を進めた企業とそうでない企業とでは大きな差が生じます。

3 規模によって異なる課題

会計事務所はその規模によって異なる課題を抱えています。小規模な事務所では，限られたリソースを効率的に活用する必要があり，一方で大規模な事務所では，小規模な事務所が抱える課題に加えて，膨大な量の顧客データの管理や高度なセキュリティ対策が求められ，戦略もよりダイナミックな意思決定が必要となります。また，どの規模の会計事務所も共通の課題が，新しい法律や

第3章　会計事務所のDXロードマップ　59

業界内外の変化に迅速に対応することです。

　DXを推進する場合には規模によっての経営課題を意識しつつ，次なる成長に向けた一手を打っていかなければなりません。

図表3－2　規模別課題と方向性

規模（目安）	経営課題	方向性
1人	作業効率，時間管理，タスク管理	個人最適化，補助者採用による効率向上，営業
2〜10人	進捗管理，業務管理	指示体系の整備，業務標準化，進捗管理の見える化，採用
11〜30人	組織階層管理，承認体制，労務管理	組織図整備，評価基準，ワークフローの確立，MA
31〜100人	支店管理，プロジェクト管理	専門部署の設置，支店管理体制，職位や役割の明確化
101人〜	事業管理，法人管理	事業部ごとの戦略・予算，法人単位での管理体制

①　1人事務所

　1人事務所では，すべての業務を1人でこなす必要があるため，効率的な時間管理が最大の課題です。顧客のニーズに応じて柔軟に対応する一方で，新規顧客の獲得にも注力する必要があります。

　税理士がすべての業務に対応するため品質は維持できますが，特化する業種や業務を絞らないと顧客単価が上がらず，規模の大きな事務所と同じ土俵で勝負することになります。

②　2〜10人事務所

　10人規模の事務所では，個々の専門性を活かしつつ，チーム全体の協調を図ることが課題です。また，リソースの最適化と効率的な業務分担が必要になります。次の規模を目指すためには，所長以外の管理職の教育と業務標準化が鍵となります。営業と採用に力を入れる必要があり，規模の拡大を目指すのであれば投資が必要です。

③　11〜30人事務所

　30人規模の事務所では，さらに複雑化する組織構造と多様な顧客ニーズへの対応が課題となります。品質管理の徹底と効率的なオペレーションが求められるため，組織内の明確な役割分担と責任の所在を定める必要があります。組織図や評価基準についてもこの段階からの整備を行うことが次の規模への成長につながります。

④　31〜100人事務所

　100人規模の事務所では，大規模なオペレーションを効率的に管理することが重要です。スケールの経済を活かしつつ，多様な部門やチーム間の調和と統制を保つリーダーシップが求められます。情報の統合とアクセスのしやすさも大きな課題です。この規模になると場所も１ヶ所ではなく，支店設置など物理的な制約に伴う課題にも対応する必要があります。

⑤　101人以上の事務所

　大規模事務所では，持続可能性とイノベーションの維持が主な課題です。継続的な成長と業界全体への配慮，技術進化に対応する組織文化の育成が求められます。税理士業務だけでなく，法人単位での活動増加や協業により，ステークホルダーが増えることにも対応していかなければなりません。

4　デジタイゼーションの壁

①　１人事務所

　１人事務所では，すべての業務を１人でこなすことができるため，所長１人のリテラシーがデジタイゼーションの取り組みに直結します。会計事務所業務の効率化とデジタル化の観点からは，クラウドERPを採用することで，多くの業務のデジタル化とSaaS間の連携を図ることが可能です。タスクや進捗管理についても，柔軟で高機能なシステムを採用して業務を行うことが可能です。

第3章　会計事務所の DX ロードマップ　61

図表3－3　事務所の規模別デジタイゼーションの考え方

規模（目安）	会計事務所業務	顧 客 業 務
1人	クラウド ERP	会計・給与システム，コミュニケーションツールを限定
2～10人	クラウド ERP，業務管理システム	
11～30人	進捗管理，ワークフロー	顧客が選定したシステムへの対応，コミュニケーションツールの使い分け
31～100人	支店管理，アカウント管理	
101人～	法人管理，支店管理，アカウント管理，セキュリティ対策	顧客が選定したシステムへの対応，コミュニケーションツールの使い分け，セキュリティ対策

　顧客業務についても新規顧客を受ける際に，デジタル対応可能な顧客に限定することや特定のコミュニケーションツールでの連絡に絞ることでデジタル化を進めていくことができます。

②　2～10人事務所

　10人規模の事務所では，所長が内部業務を確認するために業務管理を行う必要があります。この規模までは柔軟で高機能なシステムを採用しても，使いこなせる従業員だけを採用すれば，高い生産性で業務にあたることが可能です。所長自身が業務全体に目が行き届くため，作業のマニュアル化は進みますがワークフローシステムを採用しなくても，個別連絡でコミュニケーションを行えます。

③　11～30人事務所

　30人規模の事務所では，組織を階層化していくフェーズとなるため，業務管理だけでなく進捗や業務プロセスについても整備する必要が出てきます。会計事務所内部の業務としては品質を担保しつつ次なる成長への投資としてワークフローシステムの採用を検討する必要があります。

　また，この規模のデジタイゼーションの課題は，顧客数が増えることで顧客に応じたシステムやコミュニケーションへの対応を求められることです。扱う

システムが増えることで，担当者にも高い IT リテラシーが求められます。採用する会計システムや税務システムによっては，システム間の連携が図れないため二重入力や転記等の手間が発生することになります。これらの対応をRPA で進めるとその保守にもエネルギーが割かれるため，優先度を決めて重要なものから取り組む必要があります。

④　31〜100人事務所

　100人規模の事務所では，上記の規模の課題に加え，支店展開という物理的な障壁が出てきます。支店間でのオペレーションの統一，教育体制作り，評価体制など組織としての決めごとや会議なども増えていきます。

　従業員数に比例して，内部業務のコミュニケーションが増え，入退社の頻度も増えるため，オペレーションコストが大幅に増加していきます。小規模な会計事務所では問題とならなかった細かい業務時間の積み重ねが，規模が大きくなると個人では対応しきれないほどの工数となり，DX についても専門チームでの対応を行う必要性が出てきます。

⑤　101人以上の事務所

　大規模事務所では，税理士法人を中心に，コンサルティング会社や関連士業のグループ会社を管理する仕組みも考えなければなりません。市販されるシステムでは要望を満たすものがなくなり，業務管理についても自社開発やカスタマイズを行う必要性が生じるでしょう。法人ごとに異なるシステムを採用することも多く，業務によってツールが異なるなど，利用する側のストレスとなります。この時期に法人全体でのシステム統合を検討しても大きなエネルギーとコストが必要となり，多くは頓挫することになります。

　会計事務所が規模を拡大していく過程で，次の成長段階を意識したデジタライゼーションの仕組み構築は非常に重要です。規模の拡大は，新たなクライアントの獲得，業務量の増加，そして従業員数の増加を意味します。このような

変化に対応するためには，業務プロセスの効率化，情報の正確な管理，迅速な意思決定が不可欠です。業務のデジタライゼーションは成長に応じたオペレーションコストを増加させることなく，スムーズな拡張を可能にするための取り組みとなります。

オペレーションコストとは

　オペレーションコストとは，日々の業務を遂行するために必要な経費を指します。これには，サービスの利用料・保守料，管理に係る人件費，などが含まれます。見えにくいコストとして，時間的なコストも含みます。
　DXを進める際には，これらのオペレーションコストを効率的に管理し，できるだけ抑えることが重要です。SaaS導入や自動化を行ったところで，その後の維持に係る保守費用や工数の方が増えてしまうのであれば，方法を再考しなければならないでしょう。
　オペレーションコストは把握が難しく，その評価の時間軸や前提条件も仮定が必要となります。ただし，検討を行わずコストが増大すると本業や経営そのものにも影響を及ぼしかねません。

図表3－4　オペレーションコスト

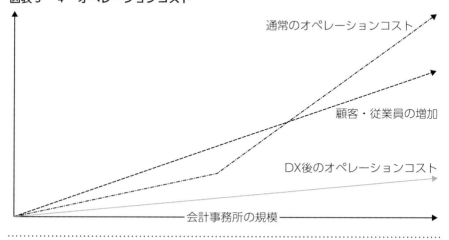

【第3章参考文献】

経済産業省DX支援ガイダンス　https://www.meti.go.jp/press/2023/03/20240327005/20240327005.html

第4章

業務別 DX の進め方

　第3章までは戦略立案や取り組みを進めていく際の方向性といった DX の全体像について解説してきました。本章では，会計事務所に関わる下記の業務について，実際のサービスや業務プロセスについて解説していきます。

顧客管理

　会計事務所は顧客に関わるビッグデータの宝庫です。顧客管理では，CRM（顧客関係管理）システムを導入することで，顧客情報を一元管理し，顧客とのやり取りや業務進捗を迅速に確認できます。これにより，顧客満足度を向上させるためのパーソナライズされたサービスが提供できるようになります。

顧客業務

　顧客業務のデジタライゼーションは，クラウドベースの会計システムを用いて，資料収集や記帳等の業務を効率化し，顧客の財務データをリアルタイムで共有・管理することを指します。また，会計だけでなく給与，納税や納品といった付随する業務のデジタル化も大切です。顧客業務のデジタル化によって，場所を選ばずタイムリーなアドバイスが可能となり，顧客の経営改善に寄与します。

営業管理

　Web 集客や紹介などの手段を問わず，再現性とある営業を行うためには営業管理の仕組み作りが大切です。営業管理では，スプレッドシートや MA ツールを利用して営業プロセスを可視化し，効率的な営業活動をサポートします。営業データの分析を通じて，見込み客の追跡や商談の進捗管理が容易になります。

生産管理

　会計事務所における生産管理は，予定および工数の管理が中心です。規模に応じた適切なサービスを導入し，労働生産性を可視化していくことで，リソースの配分を最適化することができます。工数データの分析を通じて，顧客業務の生産性向上のための改善点を特定し，適切な対策を講じることが可能になります。

販売管理

　販売管理には，見積書作成，請求書作成，契約管理，売上管理が含まれます。会計事務所の業務の中でも，特にコミュニケーションコストが大きくなり，二重入力や二重管理といったオペレーションコストの増大が起きやすい業務です。サブスク契約が多いため，業務プロセスを一度固めてしまえば商談，見積り，契約，請求という一連の業務プロセスを効率化していくことが可能です。

社内業務

　社内業務は，他の業務と比較してサービスの導入が進めやすく効果も高いため，デジタライゼーションを進めやすい業務です。稟議の仕組み作りに留まらず，郵送や書類発行といった改革優先度が低くなりがちな業務についても，テクノロジーの活用で比較的容易に効果を上げられます。これにより，従業員情報の管理や経費申請の処理といった手続きが効率化され，社内業務の透明性と生産性が向上します。

業務の自動化

　業務の自動化は，DX の取り組み自体の目的ではありませんが，プロセスが見直された後に進めていくと効果が大きくなります。申告書のセットアップといった作業の一括処理ではない，業務プロセスと連動した新しい形の自動化業務について，取り組み事例を解説していきます。繰り返しの多い定型業務を自動化することで，ヒューマンエラーを減少させ，従業員はより付加価値の高い業務に集中できるようになります。

　以下では，これらの具体的な取り組みについて解説し，会計事務所が DX を成功させるための手引きを提供します。デジタイゼーションとデジタライゼーションを適切に進めることで，業務の効率化と品質向上を実現し，顧客に対するサービスレベルを飛躍的に向上させることができるでしょう。

1 顧客管理

⑴ CRM とは

　CRM（Customer Relationship Management）は，顧客関係管理の略語であり，会計事務所が顧客との関係を効果的に管理し，強化するための戦略やプロセスを指します。CRM は，顧客情報を収集，整理，分析し，それを活用して顧客とのコミュニケーションを改善し，ビジネス目標を達成するために使用されます。CRM という言葉自体は顧客管理を行う SaaS を総称して使われることが増えてきています。

　会計事務所では CRM を行うためのプラットフォーム作り（顧客管理システム導入）が圧倒的に不足していると感じており，デジタル化されていく業務の中でシステムの導入や整備を行っていくことが必須であると考えます。

　顧客管理システムは，必要な顧客情報（基本情報，業務履歴，進捗情報）が一元管理されており，それらの情報に容易にアクセスしデータを活用できなけ

ればなりません。そういった意味で，Excel で管理されている顧客一覧や税務システム内に保管されている顧客情報では，機能が不十分です。

図表 4 - 1　顧客管理システムを導入するメリット

顧客情報の一元化	顧客情報の共有や，退職に伴う引継ぎにかかる時間の短縮ができます。顧客情報は会計事務所の大切な無形資産であり，それを会計事務所全体で共有しない限り，有効に活用することはできません。
顧客分析	企業情報，代表者情報，財務情報など，顧客に関わるデータを蓄積することで，顧客分析と迅速なサポートを行うことができます。
マーケティング活動への活用	担当者任せになっていた顧客への提案について，組織として取り組めるようになり，より精度の高いアプローチを行えます。

　代表的なサービスには Salesforce や Microsoft Dynamics 365などがありますが，機能を使いこなせないとコストも高く，機能過多になりがちです。顧客管理システムは会計事務所業務の根幹となり，業務標準化に欠かせないため，サービスを選ぶ場合には課題を考えた上で，今後の規模，支店展開，コストなどを総合的に考えて導入・判断する必要があります。

図表 4 - 2　サービスを選ぶ判断基準

分　　類	柔軟性	専門性	連動性	拡張性	コスト	保守難易度
紙	◎	—	—	—	—	低
Excel	◎	—	△	△	—	低
Google スプレッドシート	◎	—	◎	○	—	低～高
税務システム内管理	△	○	△	△	—	低
業界特化型システム	△	◎	△	○	数万円～	低
市販システム	○	—	○	○	従量課金	中
ノーコード／ローコード開発	◎	—	◎	◎	従量課金	中～高
委託開発	◎	△	◎	◎	開発＋保守	高

　柔軟性とクラウド化するという観点からは，Google スプレッドシートでの管理はお薦めで，一定規模になってもカスタマイズを行っていくことで，顧客

管理に利用することができます。ただし，ワークフロー機能を付けたり，Googleサービス以外との連携を行いたい場合には開発難易度が一気に上がり，支店管理を伴う顧客情報の一元管理にも限界があります。

業界特化型のものは，会計事務所業務の事情を踏まえた機能が多く，管理体制を構築する上では導入が容易です。機能的には，市販サービスに比べて連動性や拡張性が低いことが多いため，より柔軟なカスタマイズを行いたい場合には，市販のものに切り替えていくことになります。

どの方法も一長一短があるため，DX戦略に合わせて最適なものを選択して取り入れていくことが重要です。いずれにしても，顧客情報の蓄積が将来のデータ活用や業務標準化の土台となるため，規模が大きくなる前に取り組んでおくことが望ましいことに変わりありません。

⑵ 管理情報と要件定義

顧客管理で重要なことは管理したい情報の定義を事前に行うことです。下記の3軸の情報を事前に定義し，管理できるように設計しておかないと，データ分析を行う際の情報が足りず，見たい情報が確認できなくなってしまいます。

図表4－3 管理情報の定義

顧客情報	顧客コード，顧客名，決算月，住所，担当者，連絡先　等
担当者情報	所属会社，支店，部課，職位，氏名，入退社日　等
進捗・履歴管理	業務名，実施日，期限，作業者　等

顧客コードについては会計事務所によって付番ルールがない場合がありますが，会計システムや税務システムのコードとは別に，事務所独自のコードを自動付番して管理していくことが望ましい対応です。既に付番されているシステムのコードや収納代行の管理コード，支店コードなどを付番ルールとすることも多いですが，暦年での連番とするなどシンプルなルール管理を行い，紐づくシステムなどのコードは顧客コードとは別記載して一覧化しておくことが望ましい管理です。

また，担当者での工数分析や進捗管理を行う場合には，担当者の属性情報の管理が必須となります。担当者情報については，勤怠などの労務管理と重複する可能性がありますが，後々の分析に必要な情報は CRM に登録しておくことが必要です。

顧客情報や担当者情報については，連携する SaaS や RPA などでの活用を想定して，氏名を分けて入力する，郵便番号入力を必須にする，住所情報の都道府県を分けるなど，データを最小単位で管理できるよう設定しておくと，後々の RPA などへのデータ活用を行う際に有用です。

顧客情報の再定義は会計事務所規模が大きくなればなるほど修正時の負荷が大きくなるため，管理が必要となってから進めるのではなく，目指す規模となる一歩前から想定して準備することが理想です。

(3) 柔軟性と拡張性に優れたノーコード／ローコードツール開発

サン共同税理士法人では元々，顧客管理システムを自社開発していましたが，下記の理由からノーコード／ローコードツールである kintone を採用し，開発を進めています。kintone は業務管理システムと言われることがありますが，kintone サービス自体は CRM ではないため，サービス契約しても標準で行えることは多くありません。kintone は自社でカスタマイズをしていくことで，理想的な CRM がノーコードで構築できる開発プラットフォームという表現の方が正しいかもしれません。

kintone を導入した目的としては，理想的な業務フローの実現とビッグデータの蓄積を目指したことにあります。自社開発では，開発要望から実装までに数ヶ月のタイムラグがあり，その間にも世の中には新しい SaaS が生まれ続けていきます。スピード感を持って，業務や事業の変化に対応していくためには，柔軟性と拡張性の高いツールを選ぶことが大切でした。開発を行うにあたっては，コンセプトや設計思想を決め，開発中にぶれないよう戦略を練りました。

① kintone 採用理由

ⅰ）業務改善ミーティングをしながらその場でシステム構築／改修ができる利便性

　kintone は，ノーコードで簡単にアプリ構築が行えるインターフェースを持っています。これにより，業務改善ミーティング中に直接，システムのカスタマイズや改修が行えます。議論を通じて浮かんだアイデアやプロセスの改善点を，すぐにシステムに反映させることで，業務の効率化を促進し，問題の早期解決を実現します。改善案をその場で試すことができるため，より効果的な業務プロセスを迅速に導入できることが大きなメリットです。

ⅱ）SaaS 連携の間口の広さ

　kintone は，他の SaaS との連携に強みを持っており，連携するサービスも多いため用途に応じた拡張が容易です。これによってさまざまなサービスとシームレスにデータをやり取りでき，業務プロセスをスムーズに統合できます。例えば，メール，カレンダー，ファイル共有サービスなど，既に使っているツールと kintone をつなげることで，情報の一元管理が可能になり，作業効率が大幅に向上します。また，今後新しいツールやサービスが登場した際にも，kintone の API やプラグインを利用して簡単に連携を拡張できるため，常に最新のテクノロジーを取り入れることができます。このような広い連携の間口により，会計事務所が柔軟にシステムをカスタマイズし，変化するビジネス環境に迅速に対応することを可能にします。

ⅲ）会計事務所業界外のユーザーや活用ノウハウ，コミュニティの多さ

　kintone は多様な業界で利用されており，それによって蓄積された豊富な使用事例やノウハウが共有されています。この広範なコミュニティからの知見は，業務プロセスの改善やシステムの最適化に役立ちます。また，異業種からのアイデアを取り入れることで，業界内だけでは思いつかなかった革新的な解決策を見つける可能性が広がります。活発なユーザーコミュニティはサポート体制

が整っており,問題発生時の迅速な解決や,継続的な学習・成長の機会を提供してくれます。世界のどこかで誰かが同じことに悩んで情報発信しているという環境が魅力の1つです。

図表4-4　kintone コンセプト

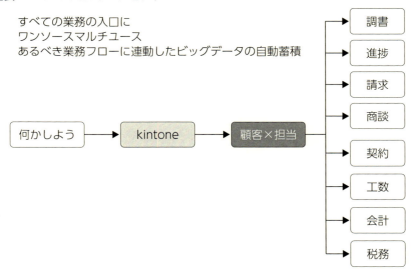

図表4-5　kintone 設計図

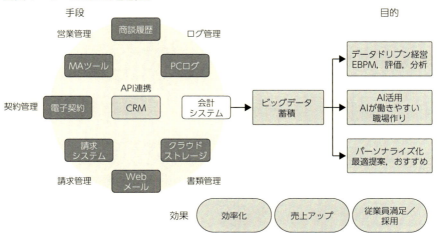

② コンセプト

ⅰ）すべての業務の入口に

　SaaS ごとにログインを行ったり，承認機能が重複したりすることを避け，さまざまな業務プロセスの一元化を目指します。複数のサービスが 1 つのインターフェースで操作できるため，担当者の操作負荷が軽減され，使い勝手が向上します。規模に応じた最適な SaaS を選択し，API 連携を行うことで，業務ごとに最適なツールを用意していくことを可能にします。

ⅱ）ワンソースマルチユース

　顧客情報や担当者情報，会社情報のマスタを一元化し，複数の用途で活用できる環境を整えます。データの一元管理により，情報の整合性が保たれ，誤ったデータに基づくミスを減少させることができます。

> **ワンソースマルチユースとは**
>
> 　1 つのデータを複数の目的で活用することを指します。例えば，顧客データを一度入力すると，その情報が自動的に複数の用途で活用されます。顧客の基本情報を入力するだけで，その情報が請求書の発行，契約書の作成，税務システムへの登録，さらにはマーケティング分析や顧客満足度調査などに利用されます。これにより，同じデータを何度も入力する手間が省け，業務の効率化と正確性が向上します。また，情報が一元管理されるため，データの整合性が保たれ，迅速かつ正確な意思決定が可能となります。

ⅲ）業務システムではなくデータベース

　kintone を情報の集約地として利用し，データを中心に業務を展開するための基盤を構築します。蓄積したデータを自由に組み合わせて分析・利用し，必要に応じて柔軟な業務のカスタマイズを行います。この柔軟性は，変化するビジネス環境や新しいニーズに迅速に対応することを可能にし，会計事務所全体の効率を向上させます。kintone をデータベースとして使用することで，データを中心にした効率的で柔軟な業務運営を実現することを目標にします。

③　設計／開発思想

ⅰ）SaaS 連携を前提としたテーブル（フィールド）定義

　テーブル定義を標準化し，互換性を高めることで，異なるシステム間での
データの受け渡しが容易になります。これにより，データ入力の重複を防ぎ，
業務の自動化と効率化が図れます。将来的に新しいサービスを追加する場合も，
テーブル定義が一度決まっていれば柔軟に対応できるため，システムの拡張が
容易になります。

ⅱ）シンプルかつマニュアルのいらない UI

　シンプルでわかりやすい UI 設計により，新しい担当者でも特別なトレーニ
ングや詳細なマニュアルなしに，すぐにシステムを使用開始できます。これに
より，担当者の学習コストが削減され，効率的に業務を進めることが可能にな
ります。シンプルな UI はエラーの発生を減少させ，業務の精度を向上させる
効果もあります。さらに，使いやすいデザインは担当者の満足度を高め，シス
テムの使用頻度と依存度を増加させます。

ⅲ）プログラミングコードは書かない

　コーディング不要のプラットフォームを使用することで，専門的なプログラ
ミング知識がなくても，システムのカスタマイズや更新が可能になります。こ
れにより，システムの保守や改善が格段に容易になります。従業員自身が直感
的なインターフェースを通じて業務の流れを自分たちで調整できるため，小さ
な変更や問題解決が迅速に行えます。また，コーディングを必要としないため，
エラー発生のリスクが減少し，システムの安定性が向上します。さらに，新し
い機能の追加やシステムの拡張も，プログラムの知識がなくても容易に実施で
きるため，組織全体の IT 能力に依存せず，柔軟にシステムを管理・運用でき
ます。

④ 目指す効果

ⅰ）データドリブン経営

　kintone を使用することで，会計事務所は日々の業務から得られる膨大なデータをリアルタイムで一元管理し，可視化することが可能になります。顧客データ，財務データ，業務データなど，さまざまな情報を一目で把握でき，どの業務が効率良く行われているか，どの分野にリソースをもっと投入するべきかなど，仮説に基づいた検証を進めることで具体的な洞察を得ることができます。また，データに基づいた具体的なアクションプランを迅速に策定し，実行に移すことが容易になり，ビジネス環境の変化に柔軟に対応できるようになります。

ⅱ）あるべき業務プロセスの実現

　kintone では，業務ごとに異なるワークフローを設計することができます。すべてのプロセスがデジタル化されることで，作業の透明性が増し，どの段階でどのような作業が行われているかが一目でわかるようになります。これにより，各ステップで必要な作業が明確にされ，業務の進行状況がリアルタイムで追跡できます。例えば，税務申告のプロセスでは，書類の準備，レビュー，クライアントへの最終確認，提出というステップを設けることが可能です。これらのステップは kintone 上で視覚的に表示され，どの作業が完了して何が残っているかが一目瞭然になります。

ⅲ）オペレーションコストの圧倒的な圧縮

　kintone の導入によって，業務プロセスが自動化され，データの一元管理が可能になるため，日常的な業務にかかる時間と労力が大幅に削減されることが期待されます。自動化技術と組み合わせていくことで，その効果はさらに高まり，これらの作業に割り当てられていた時間を他の重要な業務に再配分できます。

開発から１年以上が経ちましたが，アプリ数は100を超え，連携する SaaS も増え続けています。kintone を導入して一番のメリットは，その機能ももちろんですが，理想とする業務プロセスやシステム作りを自分たちの手で行い，その効果を感じられることで，社内に DX 風土が自然と形成されていくことです。

　利用開始にあたってはイニシャルコストもかからないため，最初は開発を優先し，開発がある程度進んでから全社に展開しています。現在では，すべての業務を行うためのプラットフォームとして欠かせないものとなっています。

kintone とは

　kintone はプログラミングの知識がない人でもノーコードで業務アプリを作ることができるクラウドサービスです。理想とする Web システムを迅速に低コストで作るための機能が多くあり，柔軟にカスタマイズすることができます。プログラミングの知識がなくても開発は進められますが，業務フローの棚卸を行った上で，作成するアプリの要件定義やアプリ間の連携を考えて進めていかないと使いこなせないサービスです。

2 顧客業務

(1) 会計システム

① オンプレミス型かクラウド型か

　会計事務所やその顧客が利用する会計システムには，オンプレミス型とクラウド型の２つの選択肢があります。それぞれにはメリットとデメリットが存在し，会計事務所規模や顧客のニーズによって最適な選択が異なります。

　どちらのシステムも一長一短があり，どちらを選ぶかは事務所の具体的な運用スタイル，将来の拡張計画，予算，データセキュリティの要件などを総合的に評価した上で選ぶことになります。

　特に，会計事務所が自社内で記帳代行に利用する会計システムを選ぶ場合に

は，オンプレミス型のほうが操作性や処理速度に優れ，顧客が増えるとコストも抑えられる傾向にあるため有利であると考えます。

図表 4 − 6　オンプレミス型かクラウド型か

	オンプレミス型	クラウド型
コスト	導入初期にイニシャルコストが必要な場合が多いが，その後のランニングコストは比較的抑えられる。メンテナンスやアップグレードも自社で負担が必要。	初期投資が不要で，月額や年額の使用料を支払えば利用できる。保守は使用料に含まれており，バージョンアップしない限りはコストは上がらない。
セキュリティ	物理的なサーバーやパソコンにデータが保存されるため，外部のクラウドサービスプロバイダーを通じたデータの管理に対する懸念が少なく，セキュリティを自社でコントロール可能。	データが第三者のサーバーに保存されるため，プロバイダーのセキュリティ対策に依存することになる。データ漏洩やサイバー攻撃のリスクが高まる可能性がある。
特徴	操作性が高く，処理速度が速い。システムの設定やカスタマイズが自由に行えるものが多く，特定のニーズに合わせた調整が可能。	インターネットがあればどこからでもアクセス可能で，テレワークや外出先からの作業が容易。APIの連携やOCR機能により，記帳や資料収集を効率化する仕組みが強み。

　しかし，会計事務所が顧客の会計システムを選ぶ時代は終わり，その利便性から新設の法人を中心に最初からクラウド型の会計システム（統合パッケージ）を選択するケースが徐々に増えてきています。顧客からすると会計事務所に依存する会計システムよりも，統合パッケージとして顧客自身が会計のプラットフォームを選ぶことが定着してきているように感じます。そのため，会計事務所は顧客が選んだ会計システムに対応しないと多大な機会損失を生むことになりかねません。

図表 4 − 7　会計中心の考え方

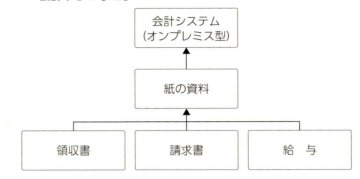

　これは従来の紙資料をベースに会計事務所主導で運用されていた考え方から，取引をベースにした顧客主導の考え方に，会計システムの位置付けが変わってきていると言えます。まだまだ中小企業においては，クラウド会計を中心としたERPの活用が普及しているとは言えませんが，この流れは不可逆であることは間違いありません。

図表 4 − 8　取引中心の考え方

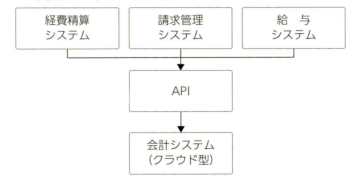

　DX戦略の中でも主軸となる業務のデジタル化と生産性向上という観点からも，APIを通じて各種（預金口座，給与，請求，経費等）の連携を図ることができるクラウド会計の導入は，必須と言えるでしょう。実際に今開業してい

る若手のデジタルネイティブな税理士は，開業当初からクラウド会計（クラウド ERP）に特化していることを強みとしているところが多くなっています。顧客から選ばれる会計事務所の差別化のポイントは，クラウド会計（クラウド ERP）を使いこなせることであるといっても過言ではないかもしれません。

　クラウド会計については，既存のオンプレミス型のシステムとは発想が異なるため，導入の際には，会計システムというよりは「クラウド上で資料および会計データを効率的に収集するプラットフォーム」と位置付けて推進を進めることが必要です。記帳だけの利便性ではオンプレミス型のほうが仕訳処理するスピードは速いですが，バックオフィス業務を上流から仕組み化し効率化していくことは，外部連携に強いクラウド会計ソフトを利用しないと実現できません。

　サン共同税理士法人では，数年前にクラウド会計の導入100％を KPI に掲げて導入を進め，現在では新規顧客では100％，既存でも8割以上がクラウド会計での運用に切り替えています。切り替えの過程で新たな課題も見つかりましたが，一度移行したものをオンプレミス型に戻すことはないと考えています。

②　BPR と BPO

　会計事務所における顧客への BPR（ビジネス・プロセス・リエンジニアリング）と BPO（ビジネス・プロセス・アウトソーシング）は，新たな収益源確保と会計事務所存続のための重要な戦略となります。

　会計事務所は，中小企業の BPR を行うことができる最も近い立場にいます。顧客のバックオフィス業務のプロセスを見直し，業務の自動化を推進することによって業務の質と速度を向上させることは，顧客の競争優位性を高め，成長を促進する価値のあるサービスです。最新のテクノロジーの活用により，リアルタイムでの財務報告やコスト管理の効率化が可能となり，企業の意思決定支援が強化されます。

　最適化された業務プロセスは，そのまま会計事務所がバックオフィス業務を引き受けることができます。これにより，顧客はより本業に集中することがで

き，効率を大幅に向上させることが可能です。複雑化した税制に中小企業の経理担当者がアナログで対応していくことには徐々に限界が来ています。

　国の補助金も，BPR の促進を継続的に後押ししています。電子インボイスやさらなる手続きの電子化を見据え，クラウド会計の普及を通じて中小企業のバックオフィス業務のデジタル化を推進していくことは会計事務所の重要な役割であると考えます。

BPR（ビジネス・プロセス・リエンジニアリング）とは

　BPR は，既存のビジネスプロセスを根本から再考し，大幅に改善することを目的としたアプローチです。このプロセスでは，効率性，効果性，スピードの向上を目指し，プロセスを全面的に再設計します。

BPO（ビジネス・プロセス・アウトソーシング）とは

　BPO は，主にコスト削減や効率向上を目的として，組織の特定の業務やプロセスを外部のサービスプロバイダーに委託することです。これには，人事，給与計算，顧客サービス，会計などの本業以外のバックオフィス業務が含まれます。

③　記帳の仕組み化

　会計の記帳は，対応方法が大きく 5 つに分類されます。クラウド会計をベースとする場合には，API 連携の活用や CSV などでのデータ取込を活用しないと，記帳が紙に比べて非効率となってしまいます。

　クラウド会計の機能を活かすには，仕訳のもととなる取引が発生する際の仕組みをシステム化し，取引が自動で会計に流れてくる仕組みを構築するための業務デザインが必須となります。ネットバンキングの導入や SaaS の導入など，顧客のバックオフィス業務を再設計する提案を積極的に行い，より速く，より正確に記帳を行う仕組み作りが鍵となります。

第4章 業務別DXの進め方　81

図表4-9　記帳の仕組み化

	郵送	手入力	留　意　点
API連携	無	無	連携切れや対応しないサービスの有無に留意
CSV読込	無	無	API連携に比べるとひと手間あり，システムによって手順や形式が異なる
顧客がExcel入力	無	無	顧客の入力待ちになりがち，顧客が直接システムに入力できる場合は自計化のほうが良い
スキャンデータ	無	有	資料の共有待ちになりがち，OCRや記帳サービスの利用での効率化が可能
郵送・持参	有	有	資料の保管コストを会計事務所が負担，紛失リスク有り，データ化によりOCRや記帳サービスの利用での効率化が可能

バーチャル口座とバーチャルカードとは

　バックオフィス業務の仕組み化で注目しているサービスは，バーチャル口座とバーチャルカードです。いずれも実際の口座開設やカード発行ではなく，決済に応じて仮想の番号を発行する仕組みです。

　入金取引はバーチャル口座の活用により，商品や取引先ごとに仮想口座を割り当てることで入金データから取引の特定を行うことができます。Web上でクレジットカードを用いてサービス契約や決済をすることも増えてきているため，実物のクレジットカードを目的別に発行するのではなく，バーチャルカードを利用して番号を分けることで，取引や利用者を番号に応じて紐づけることも可能です。

④　業種によるSaaS連携の相性

　バックオフィス業務のデジタル化を進めるにあたっては，業種ごとの業務の特徴を理解して導入するシステムの優先度を考えることが重要です（図表4-10）。

　クラウド会計は，バックオフィスの周辺業務について連携するサービスやSaaSを選択することで業務が効率化しますが，請求管理と経費精算については，汎用的なシステムをそのまま導入することは，かえって導入側の負担が増えることになるため注意が必要です。特に，経営者が現場に出ることが多い業種や，現金精算の多い業種である建設業や飲食業では，システム導入よりも，

図表 4 −10　業種による SaaS 連携の相性

	建設業	製造業	飲食業	小売業	IT 業	サービス業
請求管理	業種特化	業種特化	POS レジ	○	◎	◎
請求取引数	少	多	多	多	少	少
経費精算	△	○	△	○	◎	◎
労務管理	◎	◎	◎	◎	◎	◎
従業員数	少	多	多	少	少	少
目指す形	ハイブリッド	ハイブリッド	ハイブリッド	デジタル or ハイブリッド	デジタル	デジタル

クラウド会計連動型 SaaS との相性　◎：高，○：中，△：低

まずは資料の収集方法や業務プロセスの見直しを行うことを優先すべきです。

　また，導入前に機能の検討をしっかり行わないと，クラウド会計とパッケージになった会計以外の業務システム（請求や経費精算）の仕様が業種の様式や業務プロセスに合わず，転記元資料がなくならないなどの非効率を生むことも多くあります。

　取引が他の業種と比べて多くなりがちな小売業では，デジタルでの会計仕訳連動を進めていく中で，どう会計に取引を連動させていくかの業務デザインが必要です。

　例えば POS レジからの売上取引連動を考える場合，紙の時は集計資料からの複合伝票で起票できた内容が，

　①　通帳連動（入金取引）

　②　POS レジ連動（日々の売上取引）

　③　決済手段連動（入金取引）

と，連動する取引数が増え，取引登録や確認に要する時間が大幅に増加します。

　クレジットカードでの支払取引連動の場合も同様で，

　①　通帳連動（口座引落し）

　②　クレジットカード連動（経費の発生取引）

　③　決済サイト連動（取引履歴）

と，連動するサービスに比例して確認する取引数が増え，デジタル化することが業務の非効率につながります。

第4章　業務別DXの進め方　　83

　システムや機能の導入自体を目的化して何でもかんでもデジタルで連動するのではなく，業種や業態に応じた最善の方法を模索していくことが大切です。

　クラウド会計を中心にバックオフィス業務の効率化を進め，中小企業の今日のビジネス環境での競争力を維持・拡大することは会計事務所しかできない重要な業務になりつつあります。

コラム　会計システムは何を選ぶか

朝倉：これはどのRPAを選べばよいかということと似ていて，安く済ませたいとかそういう利益的なところだけで考えると，選択が失敗するような気がしています。やっぱり会計システムの選択も含めてDXは，従業員のためを考えて進めないとうまくいきません。

宮川：確かに利用する従業員の視点が社内の浸透には大切ですね。本書でも触れていますが，今は会計システムは会計事務所が選ぶ時代ではなくなってきていて，顧客のほうが情報を持っているので，特定のプロダクトを利用できる会計事務所が選ばれている印象です。顧客のステージによって，プロダクトの選択がバックオフィス業務の効率性に直結するので，その後の企業成長のバロメーターになるといっても過言ではありません。

朝倉：今後の伸びという点でも，現時点だけではなくて，10年後20年後のことを考えると，ベンダーの資本力とか，プロダクトの効率性なども考えて選択していかないといけないですね。ただこれは業界内の話として考えている視点です。今は創業する＝税理士に相談，という流れが存在しています。

　これは業界の先輩方が築いてこられた礎の上にあるビジネスモデルであり，営業の面でも守られているわけですが，一方でインターネットが普及し，情報格差がなくなったことでその優位性はなくなり，時代に合わせたやり方を模索し続けていかなければならないという危機感があります。

宮川：創業時に行わなければならない手続きは多岐にわたりますが，その中でも税務の相談は税理士でないと行えない専門領域で事業者が自ら調べてすべてを理解するのは困難です。共通しているのは融資なども含めてお金の悩みというところでしょうか。

朝倉：そうだと思います。税務も創業時に相談したいことの1つであって，それは広

い視点で考えるとお金の悩みなんです。手続きについては，プロダクトの業務フローに沿って行うと8割9割は行えるので，リテラシーが高く若い創業者は，相談に来る際には一通りの知識を付けて手続きも済んでいるので必要なことは答え合わせで済んでしまいます。

宮川：担当者はお金の悩みを解決するために必要な法律の横断的な知識習得と，そのソリューションとしてのプロダクトの理解が必須になってきていますね。変化していく時代には，創業者や事業承継者はどんどん新しい知識を吸収して成長に必要なことを取り入れることに貪欲です。バックオフィス業務のデジタル化はその流れの中の1つとして，成長していく企業には必須になってきていると感じます。

朝倉：ここ数年でもプロダクトの進化がすごいですし，かなり創業者にとっては便利になりました。プロダクトの側が，税理士を守れなくなってしまうほど進化する状況になっていくことは常に想定しています。資本主義の中で，あるべき理想を求めたシステムをどう使っていくかという発想でプロダクトを選択していかないと，結果として顧客から置いてけぼりになって自分たちの首を締めることになってしまいます。

宮川：そんな中でも理想の会計システムという点ではいかがでしょうか。

朝倉：これはとても難しいですね。どの顧客にもマッチするような絶対的な会計システムっていうのはないという前提です。クラウド型（統合 ERP 思想）にもオンプレミス型にもそれぞれの良さがあって，どの業種にも全部完璧というものはありません。特定のプロダクトへの特化ではなく，顧客が必要とするものを取り入れることが大切だと思うのですが，その中でも顧客が選ぶもの，機能として優れているものは絞られていますよね。

宮川：創業時に関してはクラウド ERP の利便性と効率性は，会計だけを提供するシステムとは視点が違う設計ですね。企業のステージにあったプロダクトを会計事務所が選んであげないと，大切な創業時期に間接コストが増えてしまって不幸が生まれそうです。

朝倉：本当にスタートアップの創業者が本業以外のことに少しでも時間と労力をかけてしまうのはとてももったいないことです。選ばれる会計事務所というコンセプトを大事にしているというところにもつながりますが，顧客が必要とするプロダクトを使えるようになっていないと本当に選ばれなくなってしまいますよね。クラウド ERP が提供開始から10年ぐらい経ちますが，会計システムにもゲームチェンジャーがまた現れるんでしょうか。

宮川：プラットフォーマー（Google や Microsoft）が，必要なデータを入れたら全

部会計データになっているというのが究極なので，そういった会社がゲームチェンジを起こすかどうかでしょうか。突き詰めると会計は取引の発生のタイミングでの資料の収集に集約されるので，それを1つのもので行うのは現状では難しいと思います。

朝倉：現状では難しいというだけなので，前提が変わるとできるということを常に想定しておきたいですね。使う側のリテラシーが上がってくればそれが当たり前になってくると思います。

宮川：現状でも証憑がデータにさえなっていれば，それをOCRなどで会計データ化（CSV化）することのハードルやコストは下がり続ける一方，精度は上がってきています。会計システムの究極は見た目が試算表のようになれば良いので，構成しているデータは1行の情報としては20列ぐらいのデータでしかありません。AI付きのOCRで会計データはスプレッドシートに展開し，BIツールで好きな形の試算表を作れる時代ですね。

朝倉：その状況が最強ですね。AIに投資している会社が次のプラットフォームになるプロダクトを作っていくのは間違いありません。現状で言うと，API連携が金脈なのでそこに投資してプラットフォーム化しているプロダクトがもっともっと強くなっていきますね。

---

(2) 給与システム

　会計事務所業務における季節業務のボトルネックは年末年始業務（年末調整，給与支払報告書，法定調書合計表，償却資産申告書）であると考えます。このうち償却資産申告書以外の業務は，給与システムで対応可能なものが増えてきています。

　年末年始業務については，業務開始前の準備と資料収集でその後の会計事務所側の負荷が変わってきます。サン共同税理士法人では給与業務については，1人社長の会社であってもクラウド給与システムを導入することを推奨しています。人数にもよりますが，1～10人程度の従業員数であれば，クラウド給与システムの従量課金料金と他の給与システムとのコストはそこまで変わらないため，クラウド会計と連動するクラウド給与システムの導入が，ボトルネック解消の手段となります。

図表4-11 クラウド給与フロー

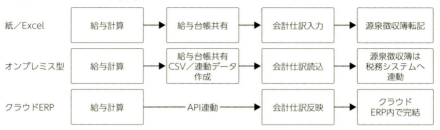

　紙資料での給与計算は，源泉所得税額や社会保険料額の計算誤りも散見されるため，法改正にも適時に対応するクラウド給与システムを導入することで業務の品質も担保され，適時に顧客の要望に応えられる環境を作ることができます。

　給与計算業務については，どの業種においてもデジタル化の効果が大きいバックオフィス業務となります。入退社，給与計算，年末調整，振込データ作成などは業種に限らず共通の手続きであり，デジタル化により改善される業務範囲が大きいことが特徴です。会計事務所にとっても，年末から年始に係る業務のペーパーレス化が進み，紙やExcel資料からの年末調整システムへのデータコンバートや二重入力をなくすことができるWin-Winなデジタル化です。

(3) 納　　税

　顧客の納税業務を支援することは，会計事務所の大切な業務の1つです。納付方法は国税庁主導で急速にキャッシュレス化が進んでいます。既に国税庁はホームページで「令和6年5月以降に送付する分から，e-Taxにより申告書を提出している法人の方などについて，納付書の事前の送付を取りやめること」を宣言しています。源泉所得税の徴収高計算書や，消費税の中間申告書兼納付書については，引き続き送付する予定ということですが，こちらの送付がなくなることも時間の問題かと思われます。

　納付手続きをキャッシュレス化していくことは，顧客にとっても便利になる

改善です。一番の利点は税務署や金融機関に行く必要がなくなることです。

納付方法は振替納税（ダイレクト納付）が，顧客にとっては一番負担の少ない納税方法となります。予納ダイレクトや自動ダイレクトという新しい納付方法もダイレクト納付の申請を先に進めておかないと利用できないサービスです。

既に一部のネット専業バンクは，ダイレクト納付の口座として指定できるため，新設法人の顧客には利便性の観点から口座開設をお薦めし，ダイレクト納付の口座申請をセットで行うようにしています。

図表 4 − 12　納税方法

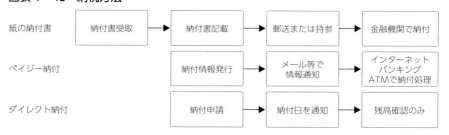

予納ダイレクトとは

2019年1月4日から，ダイレクト納付を利用している顧客であれば，確定申告により納付することが見込まれる金額について，課税期間中に，あらかじめ納付日と納付金額等をダイレクト納付画面により登録（複数の納付日や納付金額を登録可能）しておくことで，当該納付日に口座振替により納付（予納）することが可能となっています。

納税額の大きい所得税額や消費税額の計画的な納税に利用することができます。

自動ダイレクトとは

e-Taxで申告等データを送信する際に，必要事項にチェックすると，各申告手続の法定納期限当日（法定納期限当日に申告手続した場合は，翌取引日）に自動的に口座引落しにより納付ができるダイレクト納付の方法です。

⑷ 納 品

　試算表，申告書，総勘定元帳などの資料を顧客に納品することは会計事務所の重要な業務です。納品の方法は時代とともに進化しており，現在では主に以下の3つのパターンがあります。

① 紙

　紙での納品は伝統的な納品方法です。専用の用紙やファイルなども販売されており，いかにきれいに納品物を作成するかが重要です。顧客に直接手渡しできることで，顧客満足度が高まると考えられています。他の方法に比べて印刷や配送にコストと時間がかかるのがデメリットとなります。

② データ添付

　会計システムや申告ソフトから出力される電子ファイルをメールやチャットなどで直接顧客に送信する方法です。PDF形式での納品が一般的で，迅速に送れることがメリットである反面，データの誤送付や送付したデータを顧客が保管し忘れるなどのデメリットもあります。利用するサービスによっては，セキュリティが問題となる場合もあり，文書の取り扱いに注意が必要です。

③ 専用ストレージ保管

　納品資料を顧客専用のクラウドストレージにアップロードし，顧客がデータを閲覧・ダウンロードする方法です。最も先進的で柔軟性の高い納品方法ですが，他の方法に比べてストレージを維持するためのランニングコストが必要となります。

　それぞれの方法にはメリットもデメリットもありますが，銀行などへの外部の資料共有もデータで行うことが増えてきている状況において，納品する資料を顧客にデータで共有しておくことが必要となるでしょう。②のデータ添付は

容易な方法ですが，重要な情報を取り扱う会計事務所としては，セキュリティ対策が行われている専用ストレージを顧客用に用意して納品を行っていくことが，理想的な業務の形であると考えます。

図表 4 −13　理想的な納品方法

　納品するものがデータであれば，理想的な業務フローを構築した上で，顧客への納品フォルダの自動作成や，データアップロード，通知の自動化などのiPaaSを利用してノーコードで構築していくことも可能です。

> **iPaaS とは**
>
> 　iPaaS（Integration Platform as a Service）は，異なるクラウドサービスを統合するためのプラットフォームです。クラウドベースのサービスとして提供され，複数のアプリケーション間でデータを簡単に移動，管理，統合することができます。
> 　代表的なサービスには，PowerAutomate や Zapier，make といったものがあります。サン共同税理士法人でもいくつかのサービスの使い分けをしていますが，国産のSaaSへの連携と開発の利便性からYoomという国産のサービスを主に利用しています。
> 　iPaaS は SaaS 間をつなぐRPAのようなサービスです。まずは iPaaS なしでも連携するような業務プロセスの構築を目指しますが，連携サービスではどうしても連携できないものをつないだり，新しい業務プロセスをテストしたりする際に利用しています。個人の利用でも通常業務を効率化できるためお薦めです。サービスページにも参考となるテンプレートや自動化例が掲載されていますが，下記などが簡単に自動化しやすい業務です。

図表4−14　iPaaS の活用例

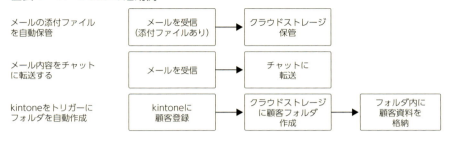

サービス名：Yoom
提供会社：Yoom 株式会社

　Yoom は，API・RPA・AI・OCR など，複数のテクノロジーを組み合わせて業務フロー全体を自動化する，次世代の自動化ソリューションです。直感的な操作で，SaaS 間の連携や RPA によるブラウザ操作，OCR による書類の読み取りなどのさまざまなアクションを組み合わせた業務自動化フローの作成が可能になります。

(5)　報告書の作成

　顧客の報告資料については，さまざまな報告書作成ツールや BI ツールが普及しています。顧客規模が小さいうちは，汎用的なサービスを利用して報告書作成を進めていっても，より詳細な分析を行いたい場合には，柔軟性を求めて資料を Excel や Google スプレッドシートで作成することが多くあります。
　API が公開されているクラウド会計サービスを導入している場合には，

Google スプレッドシート上で，API 連携により会計数値を自社オリジナルの報告書式にリアルタイムに反映させることが可能です。社外向けだけでなく，社内の調書作成にもこの技術は活用できるため，情報共有やファイル保管といった従来の管理コストがなく，効率良く正確な業務運営を行う体制を作ることができます。

業務のデジタル化を進めていくと，今までの「試算表・申告書を作るまでが仕事」と思われていた業務が効率化され，「試算表・申告書を渡してからが仕事」と思えるような，顧客にとって付加価値の高い業務への時間投入を行うことができるでしょう。

Google スプレッドシートとは

Google スプレッドシートは Excel と比較されるサービスですが，オンライン上でリアルタイムに共有を行えるという点で，データを都度送付しなければならない Excel とは根本的に異なるものです。

データの共有はリンクで行い，共有者は招待で限られたメンバーに限定，打合せ中に共同で編集を行えるなど，業務の進め方自体を変えることのできるソリューションです。

基本的な機能は Excel と似ていますが，GAS という Google が提供するアプリケーション開発のプラットフォームを活用することで，外部 API との連携や業務の自動化も自ら行えるようになる拡張性を持っています。Google は AI との連携も強化しているため，できることがますます増えていくでしょう。

⑹　コミュニケーション

顧客とのコミュニケーションの手段は徐々にデジタルシフトしています。チャット，Web ミーティングなど新しいコミュニケーションの手段を利用して業務を行うことが通常の手段となってきました。手段は変わってきていますが，会計・税務・財務を通じて求められるサービスは根本的には変わっていないと考えます。

図表4−15　コミュニケーション手段のデジタルシフト

媒体	手　段	即時性	貴重性	頻度	必要時間	コスト
デジタル	チャット	◎	△	多	短	利用料／人
	Webミーティング	○	○	少	中〜長	
	メール	○	△	少〜中	短〜中	
	電話	◎	○	少〜中	短〜中	固定
リアル	訪問	△	◎	少	長	旅費
	来訪	△	◎	少	長	－

　手段がデジタルシフトすることで，顧客ニーズはライブ感（即時性）に変わってきているように思います。電話をすることが減った代わりに，チャットのやり取りが増え，通知を確認するというコミュニケーションコストは増え続けています。また，チャット1つをとっても，LINE，Chatwork，Slack，Teamsなどコミュニケーションの手段が多様化したことで，その環境を維持するためのコストは高くなり続けています。

　コミュニケーション手段を絞ることで，オペレーションコストを下げる選択肢もありますが，既にプラットフォーム化しているテクノロジーへの対応は，これからの会計事務所には必須であることは間違いありません。

　それぞれの手段にはメリットもデメリットもあるため，使い分けを行うことが大切です。1件の顧客に対しては2〜3つの手段で対応を行っているのが現状だと思いますが，報酬や関与頻度に応じての使い分けを明確に行い，手段に応じた事務所方針を策定して間接コストを最小限に抑える工夫が求められます。

　媒体がデジタルであれば，kintoneなどのプラットフォームへAPIを通じてコミュニケーションの履歴を自動蓄積していくことが可能です。来訪であればタブレットで受付通知や情報の蓄積が可能な受付システム（RECEPTIONISTなど）も普及してきています。訪問の場合にも議事録をプラットフォーム上に蓄積していくと，顧客のビッグデータを蓄積できます。AI議事録も精度が上がってきたため，対応履歴の自動蓄積や分析を会計事務所が行うことが現実的になってきました。

対応履歴は「日時（When）」「コミュニケーション手段（How）」「対応者
（Who）」「内容（What）」を蓄積しておけば，後の分析にも有効なデータとな
ります。顧客サービスの肝となるビッグデータを分析し，データに基づく事務
所方針を検討していくことが今後の会計事務所運営の鍵となるでしょう。

(7)　業務デジタル化の KPI

会計事務所が業務デジタル化の進捗を図るために「業務デジタル化の KPI
（重要業績評価指標）」を管理することは非常に重要です。この KPI の設定と
追跡により，デジタル化の取り組みが具体的な成果をもたらしているかを可視
化し，必要に応じて戦略を調整することができます。

取り組みの評価は最低でも決算のタイミングで行い，顧客接触頻度に応じて
取り組み方を検討する必要があります。例えば，デジタル化の KPI としては，
「クラウド会計の導入有無」「クラウド給与の導入有無」「ネットバンキングの
導入有無」「ダイレクト納付の届出有無」「紙の使用量の削減率」「手入力の仕
訳割合」などが挙げられます。これらの指標を定期的にチェックすることで，
会計事務所が推進するデジタル化体制の進捗を確認することができます。

図表 4 −16　デジタル化の KPI

会社	ネットバンキング	クラウド会計	クラウド給与	ダイレクト納付	手入力
A社	○	○	○	○	—
B社	○	○	—	—	50%
C社	—	—	—	○	100%

デジタル化の推進については顧客の置かれた状況や，タイミングに応じて導
入を検討していく必要があります。推進については，既存の顧客の方の導入に
ついては，提案タイミングやデジタル化を進めていく業務の優先度を事前に検
討しておく必要があります。

94

図表 4 -17　デジタル化の推進

状　況	タイミング	内　　容
新設法人・開業	新設・開業	すべてのデジタル化推進項目
顧客	事業承継 経理担当者の退職 取引先からの要請 法改正	優先度 ・ダイレクト納付 ・ネットバンキング ・クラウド会計 ・クラウド給与 ・その他連携サービス

3 営業管理

(1)　マーケティング

　会計事務所の営業手段は，税理士法で広告制限が撤廃されてから幅が広がり続けています。業務や報酬，特化領域によって顧客に対して訴求できるようになったことで，差別化した営業活動が行えるようになりました。

図表 4 -18　会計事務所の営業手段

分類	主　な　手　段
アナログ	紹介（顧客，金融機関，ベンダー，紹介会社など） 電話，FAX，チラシ
デジタル	ホームページ，LP（ランディングページ） SNS ダイレクトメール

　営業活動の手段が増えたことで，活動ごとの履歴の管理や成約率などの分析の重要性は高まっています。再現性のある営業活動のためには，Excel や Google スプレッドシートで営業活動の履歴を管理しておくことが大切です。紹介を中心とした営業活動の場合でも，紹介ルートごとに時期や経緯，契約金額の集計がないと紹介の多い担当者やルートの把握，人事評価が正しく行えま

第4章　業務別 DX の進め方　　95

せん。

　集計や分析は Google や Microsoft のフォーム機能を利用すれば，Google ス
プレッドシートや Excel への連携により自動集計することが可能です。フォー
ムはリンクや QR にすることで，ホームページや SNS，チラシといった媒体
を問わず同じフォームを利用することができます。Web マーケティングを活
用する場合には，より高度な分析や業務の自動化を行うために MA ツール
（HubSpot など）の導入を検討します。

　MA ツールは目的を明確にして導入しないと，オーバースペックになり運用
が煩雑となるため，まずは履歴の蓄積をフォームで運用していくことでもデー
タを蓄積して活用する環境が作れるでしょう。

フォームとは

　Google フォームや Microsoft Forms に代表される Web フォーム機能は，オン
ラインで情報を収集，整理するために便利なツールです。アンケート，テスト，登録
フォームなど，さまざまな用途に合わせたフォームを簡単に作成できます。回答はリ
アルタイムに収集され，集計やグラフ化なども自動で行うことができます。問合せ
フォームに限らず，郵便履歴管理や社内アンケート，商談報告など活用の用途はアイ
デア次第です。

HubSpot とは

　HubSpot はマーケティング，営業，カスタマーサービスの業務をつなぐためのプ
ラットフォームです。無料から始められ，リード管理やマーケティングのオートメー
ションなど Web マーケティングとの相性が良いサービスです。マーケティング活動
の履歴管理には向いている反面，海外のサービスということもあり，独特の扱いづら
さがあり，活用には高度な設定が必要となります。

(2)　商談管理

　商談情報の管理は，会計事務所にとって大切な無形資産となります。商談の
様子は Web ミーティングが普及したことでミーティング録画の機能を利用し

て情報を簡単に蓄積することが可能になりました。

　サン共同税理士法人では商談の様子をすべて録画しており，新入社員がそれを視聴できる環境を構築しています。自分の商談の振り返り，視聴したい営業担当者の動画確認による勉強，第三者による評価など，動画を蓄積しておくとさまざまな活用が行えます。

　Web ミーティングが浸透したことで，AI 議事録もサービスが日々進化し，精度も向上しています。商談の録画や AI 議事録は以下のようなメリットがあり，会計事務所にとってもお薦めの機能です。

---

① 情報のデジタル化

　AI 議事録を活用することで，商談の内容が自動的にテキスト化され，データベースに保存されます。紙の資料や手書きのメモに依存することなく，重要な情報をデジタルフォーマットで蓄積し，分析することが可能になります。

② 効率性の向上

　自動で商談の内容を記録するため，議事録をとる手間を省くことができます。kintone と API で連動する AI 議事録もあるため，情報のダウンロードの手間をかける必要がなく，業務システムに自動保管も可能です。

③ 証拠能力の確保

　商談情報を正確に保管することで，何が話されたかについての曖昧さがなくなり，万が一トラブルが生じた場合にも具体的な証拠として提示することができます。

第 4 章　業務別 DX の進め方　　97

> **AI 議事録とは** ....
>
> 　AI 議事録は，商談や会議中の会話をリアルタイムでテキスト化するサービスです。音声認識技術を使用して，話されている内容を文字に変換し，議事録として保存します。AI の搭載により議事録の要約やキーワードの分析が可能なツールもあります。サン共同税理士法人では録画と文字起こしが同時に行える Front Agent を採用し，kintone と連携して活用しています。
>
> ....

⊪ⅡⅡ Front Agent

サービス名：コネクテッドセールス・プラットフォーム「Front Agent®」
提供会社：Umee Technologies 株式会社
　Front Agent は，Web 会議や電話，対面商談すべてを高精度な AI が自動で議事録を作成・分析し，営業の成果向上やナレッジ蓄積まで行えるソリューションです。サービス開始から 1 年で150社以上に導入されており，本ツールの導入により新入社員がトップセールスを超える成果をあげた事例も出ています。

4　生産管理

⑴　スケジュール

　所長や担当者のスケジュールは，オンライン上で一元管理することで調整負担を減らすことが可能です。管理にはグループウェアを導入している会計事務所が多くあります。現在はさまざまなシステムがスケジュール機能を提供しており，担当者によって予定管理しているツールが異なり，最新の情報が反映さ

れていないといったことが起きてしまいます。会計事務所内で採用している
サービス以外に，Google カレンダーで自分の予定管理を行っている事例は，
会計事務所でよくあります。

図表 4 −19　スケジュール管理の代表的なサービス

サービス	操作性	連動性	特　　徴
申告システム	△	△	申告システム内に付加されているスケジュール管理機能，日報登録と連動
業界向け業務管理システム	◎	△	予定管理と日報登録が連動，導入の敷居が低く UI がシンプル
汎用グループウェア	◎	○	グループウェアとしての機能が充実
Microsoft365	◎	◎	それぞれが提供するスケジュール以外の機能（メール，Web ミーティング等）との連動，グループ共有・外部共有が容易
Google Workspace	◎	◎	

　代表的なサービスは図表 4 −19の通りです。DX を進めるにあたって重視す
べきなのは，オンライン上で業務を行う際の操作性と連動性であると考えます。
Office 製品のサービスは会計事務所業務では欠かせないものとなっており，
Google サービスを業務の中で利用する会計事務所も増えています。Microsoft
と Google の二大グループウェアについては，スケジュール以外の機能も利用
している会計事務所が大半であるため，スケジュール管理を統合することで社
内の共有や他サービスとの連携が容易となります。

　サービス切り替えを躊躇する要因は，慣れ親しんだ見た目への愛着と，顧客
管理と連動しないことによる予定と工数の不一致などにあります。顧客とのオ
ンライン上でのコミュニケーションが増え，社内共有もリアルタイムに求めら
れる現状では，プラットフォームの切り替えは不要なオペレーションコストを
削減する意味でも重要な決断となりそうです。

　サン共同税理士法人では，数年前に Google Workspace（当時は Google Suite）
を採用し，社内での情報共有を図っています。選定した理由は，スケジュール
以外のサービスとの連動性にあります。共有するグループ内でのスケジュール

はチェックボタン1つで社内の誰のものでも確認可能です。複数人の予定の空き時間検索，スケジュールからのミーティング通知など，便利な機能も順次追加され，チームで業務を行う上では欠かせないツールとなっています。また，グループウェア移行と同時にWebメールやオンラインストレージへの切り替えを行ったことで，入退社やハードウェア破損時の移行に係るデータの保守コストを大幅に下げることができています。

グループウェアとは

　組織内のコミュニケーション，協力，情報共有を助けるソフトウェアツールの総称です。グループウェアといっても提供されているサービス範囲は提供会社によって大きく異なります。IT用語は明確な定義がなく，後から総称を作ってカテゴリーに分けていることが多いため，総称でサービスを判断せずに個々の機能やサービスの特徴を加味して慎重に導入を検討する必要があります。

⑵　工数分析とログ管理

　工数分析はプロジェクトや業務に投入される労力を評価し，見積もり，計画，追跡するプロセスです。会計事務所の場合には，顧客業務にどの程度の労力をかけているかで評価，分析することが主流となっています。職位に応じた時間単価を設定することで，顧客の報酬とタイムチャージの損益分析を行うことができます。

　正確な工数分析は正確な日報の提出と表裏一体となるため，仕組みの導入にあたっては予定，勤怠，日報の仕組みを見直して定義を明確に行う必要があり

図表4－20　理想的な工数分析データ

良くない状態		あるべき状態	
予定	登録状況が人によって異なる	予定	最新の予定を共有
勤怠	勤怠システムでの打刻	勤怠	勤務時間＝日報として，工数分析が正確に行える状態
日報 (実績)	勤務時間と相違する	日報 (実績)	

ます。

　巡回や外出が多い場合には，移動時間の占める割合が多くなりますが，正しい工数分析を行う場合にはそれも含めて顧客業務時間と定義したほうが工数の把握が可能です。また，テレワークを取り入れる場合には，業務実績の報告と日報提出は必須の仕組みです。

　厳密な管理を行わない場合にも，一顧客に対して月に費やしている見積り工数を定期的に見直すことで，業務負荷や報酬の見直しを行っていく必要があります。管理という観点以外でも，日報提出時に一日の所感を提出してもらうことで，従業員の抱えている課題や社内の業務改善提案のヒントをリアルタイムに拾い上げることができます。

　業務管理システム内にこれらの情報を蓄積していくと，従業員を業務実績に応じて正しく評価することができます。また，分析に基づく新たな仮説を立てることができ，より生産性の高い業務への集中を行うための方針転換も可能になるでしょう。

　生産管理という視点では，PCログを保存・確認するための環境整備も会計事務所業務のインフラとなりつつあります。サン共同税理士法人では「みえるクラウド　ログ」を採用し，業務記録を保存しています。

　採用の理由としては，

①　テレワーク導入をする際の「管理・監督」義務を果たすための税理士法
　　準拠

②　蓄積した業務記録と業務実績との情報比較による生産性分析

の２つがあります。

　このうち重視しているのは，特に②の部分となります。移動時間やオフラインミーティングを除き，会計事務所の業務はPCを開いている時間が大半であるため，PCログ管理＝業務記録といっても過言ではありません。

　日報（業務実績報告）のデータは，どの顧客の業務に時間を充てているかという時間の分類となります。業務時間の内訳のデータは，PCログ管理でシステムの稼働時間からアプローチしたほうが，業務内容の正確な把握が可能です。

現在はkintone上に業務実績とPCログ実績を蓄積し，生産性分析や職位ごとの業務実績を正しく評価するためのインフラを作っています。究極的には日報の入力が不要でも，業務履歴が自動蓄積できるテクノロジーの進歩を期待したいと思います。

サービス名：みえるクラウド® ログ
提供会社：セブンセンスマーケティング株式会社

　みえるクラウド ログは，創業50年を超える静岡を中心に展開をする税理士法人グループセブンセンスグループが開発を行っており，2024年7月時点で税理士法人を中心に導入社数は150社を超えます。

　税理士法人のテレワークに関しては，士業特有の従業員や委託先に対する管理者責任があり，みえるクラウド ログの活用が大手事務所を中心に進んでいます。

　みえるクラウド ログはPCにインストールを行うだけで全自動で，誰が，どんな業務を，どれくらい行ったかといった，PC業務のみえる化が可能です。特にリモートワークの際の業務把握や労務管理の観点で有効です。

　また，各顧客にどの程度の工数を使っているかを集計し，顧客ごとの利益率まで可視化することで，業務生産性の改善を可能にするサービスです。

5　販売管理

　会計事務所の販売管理は大きく「見積り」「契約」「請求」「収納代行」「入金

確認」に内容が分類されます。

図表4－21　販売管理の業務内容

業務	主　な　手　続　き
見積り	見積書作成，社内承認，顧客送付，書類保管
契約	契約書作成，社内承認，電子契約（または紙送付），書類保管
請求	請求書作成，社内承認，顧客送付，書類保管
収納代行	収納代行申し込み，月々の収納代行情報更新
入金確認	収納代行結果の確認，入金照合，再請求，担当者への通知

　その中でも商談〜見積り〜契約〜請求〜入金確認は一連の業務プロセスとして，担当者，上位者，経理・総務が関わる業務です。一連の流れは，どの会計事務所でもあるべき手順が同じであるため，それぞれの業務が分断されず，情報を連携しながらシステム上で処理されていくのが理想の業務プロセスと言えるでしょう。

図表4－22　請求業務フロー

(1)　見積り・個別請求

　見積書の発行はExcelなどのファイルで行うと，作成したファイルの最新版管理，顧客フォルダへの保管などの作業が発生し，オペレーションコストが大きくなってしまいます。

　業務をデジタルシフトさせていく上で，作成〜発行までの業務をペーパーレスで行う業務プロセスが理想の形と言えます。

　それぞれの手順で理想とする機能やシステムの挙動を考えていくと，文書の自動作成や重複入力の排除など効率的なフローを構築することができます。特に発行書類の自動保管により，誰もが書類の保管場所を気にせずアクセス可能

図表 4 −23　見積書フロー

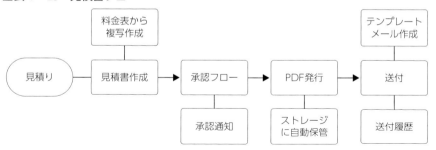

な環境を作ることができます。

　一見煩雑そうに見える処理も，kintone ではノーコードでこれらの業務プロセスと自動化を実現できます。あるべき業務プロセスに基づいた処理の自動化は，RPA での実現よりも効果が高く，業務の質を高めることができる取り組みです。スポット請求などの個別請求手続きも見積書と同様の業務プロセスとなるでしょう。

図表 4 −24　請求書フロー

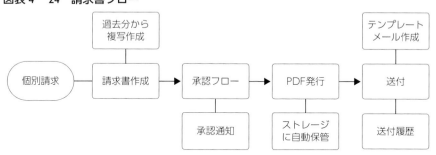

(2)　契約・売上管理

　会計事務所の契約管理では，電子契約の導入が効果的です。電子契約は，契約書の発行，署名，保管をデジタル化し，プロセス全体を効率化します。
　従来の紙ベースの契約書は，印刷，郵送，保管といった手間と時間を要して

いました。電子契約を利用することで，これらの手間が削減され，契約書を即座に作成し，関係者間で簡単に共有し，オンライン上で安全に署名することができます。

図表 4 −25　契約フロー

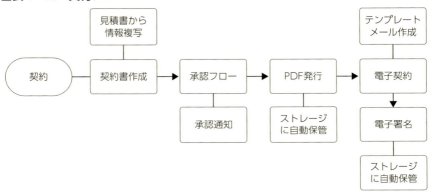

契約書は，①ドラフト作成，②レビュー，③送信，④署名，⑤保管の順に業務が進みます。電子契約サービスを利用する場合には③〜⑤を電子契約サービス内で行うことが可能です。①〜②については社内のワークフローや，書面・チャットで確認を行っていることが多いでしょう。②のレビューと，④の署名時の確認は同じ担当者が行うことも多く，二重承認になってしまうこともあります。

それぞれの業務で担当者も分かれるため，連絡手段やサービスが分かれるとコミュニケーションコストも高くなってしまいます。また，ドラフトを Word で作成する場合には，最新版の契約書ひな形の管理・保管を手動で行わなければならなくなります。

kintone ではこの①〜⑤のフローを，一連の業務プロセスとして，電子契約にサインインすることなく行うことが可能です。API 連携で kintone から電子契約の指示を行うことができ，利用している側は 1 つのシステムの操作の中でシームレスな業務プロセスを実現可能です。

契約情報は見積書の内容を参考に作成することが多いため，作成した見積書からの契約データの複写機能を実装すると見積書⇒契約書作成時の転記ミスも減らすことができます。

また，契約締結時の契約データは，そのまま月々や決算時の報酬請求の基本情報となります。請求から入金確認までの一連の業務プロセスを整理して請求管理システム（MakeLeapsなど）と連携していくと，見積り〜契約〜請求〜入金管理を完全一致させる仕組みの構築も不可能ではありません。

図表4－26　売上管理フロー

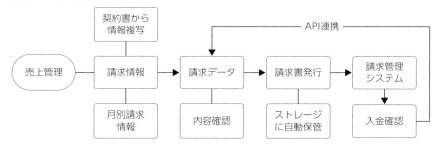

サービス名：クラウド型請求管理サービス「MakeLeaps」
提供会社：メイクリープス株式会社

MakeLeapsは，煩わしい請求業務の80％を削減し，簡単にミスなく書類を作成できるクラウド型請求管理サービスです。

見積書や請求書をはじめとする書類をいつでも，どこからでも作成でき，承認，郵送代行や電子送付，入金管理や売上レポートの表示までできます。2018年にリコーグループに参画してからは，中小企業の請求書の電子化の改善策として根強い人気を誇っています。

6 社内業務

(1) 稟 議

　稟議プロセスのデジタル化は，意思決定の速度と透明性を向上させるための重要なステップです。稟議は，組織内の意思決定や承認を得るための公式な手続きを指します。従業員を雇用し事業を拡大していく上で，業務の標準化の際に肝になるのはワークフローの構築といえるでしょう。

図表4 −27　稟議の主な内容

分類	内　　　容
社内稟議	日報，休暇・遅刻・早退，残業，交通費，物品購入　等
業務稟議	申告レビュー，届出書レビュー，解約報告　等
請求稟議	見積書，請求書，契約書　等

　それぞれの業務プロセスを整理し，ワークフローに落とし込んでいく過程で，あるべき業務フローが作られます。この過程を踏むこと自体にDXの重要な価値があると言えます。

　ワークフローシステムを導入する際には，社内の業務がペーパーレスで行える環境の構築が前提となります。紙資料での承認を一部で認めると，承認プロセスの蓄積が完全ではなくなり，社内の文化としても浸透しないことになります。煩雑なワークフローを組んでいく場合には専用のSaaS導入を検討すべきですが，2段階程度の承認プロセスであれば，業務管理システム内の機能やkintoneの標準機能でも十分実装可能です。また，Googleドキュメントでは，ドキュメントごとに簡易的な承認機能を付加することも可能です。

　ワークフローシステムを導入すると，確認や承認といった作業がシステム上で発生します。このトリガーをもとに，次の業務のタスク進捗を自動作成すると，新入社員でも次に何をすればいいのか，タスクは何があるのかを迷わない

で済みます。

図表4-28 タスクの自動作成

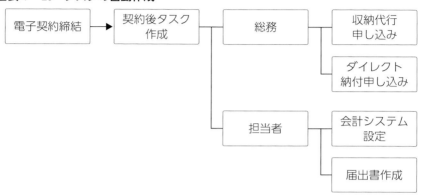

　例えば，「電子契約の締結完了」というトリガーが発生した際に，総務には収納代行に必要な申し込みとダイレクト納付申し込みのタスクが，担当者には会計システム設定や届出書作成といったタスクを自動作成することができます。

　さらに想定されるタスクの種類を事前にマスタ化しておけば，タスク内にマニュアルのリンク（説明書きや動画等）や業務チェックリストを配置し，業務を標準化していくことが可能となります。書類の発行を伴う場合は，顧客情報から書類の自動発行も行うことができます。

図表4-29 タスクの自動作成例

タスク名	収納代行申し込み
担当者	○○
期限	20XX年XX月XX日
方法	（マニュアルへのリンク）
チェックリスト	☑顧客情報を確認 ☑書類送付先を確認 ☑振替可能日を担当者に通知
書類保管先	（書類発行リンク）

⑵ 社内マニュアル

　社内マニュアルを整理しデジタル化することは，組織の効率化，標準化，そして知識の共有を促進する上で非常に重要です。社内ノウハウの共通プラットフォームへの蓄積は，組織が小さい段階から一元管理を進めておかないと，後々の組織の成長を阻害する要因になりかねません。情報を蓄積するプラットフォームにはさまざまなサービスがありますが，規模に応じて適切なツールの選択を行っていくことが大切です。

---

① 小規模➡ Google サイト・SharePoint

　無料または低コストで利用可能で，情報蓄積を始めるには使いやすいサービスです。リアルタイムでの共同編集が可能で，文書はクラウド上で自動保存されるため，どこからでもアクセスできます。バージョン履歴も管理されるため，変更履歴を簡単に追跡できます。

② 中規模➡専用のマニュアル作成 SaaS

　同じテンプレートでのマニュアル作成が可能で，タグ付けや画像差し込み，動画との連携など，誰でも簡単に行うことができます。Notion，NotePM，Teachme Biz など機能の異なるさまざまなサービスが普及しています。サン共同税理士法人ではトースターチームを採用して業務ごとのマニュアル作成を進めています。

③ 大規模➡自社システム内での専用 Wiki

　社内の広範な知識を一元的に管理し，検索しやすい形式で蓄積することができます。カスタマイズも自由度が高く，データベース化することで AI 活用の幅も広がります。

⑶ 郵送・FAX

　郵便と FAX はアナログ業務として，減らすことはできてもなくすことがで

きない業務の1つです。これらのデジタル化はアウトソースやWeb上のサービスに切り替えることで，オンラインでの手続きに切り替えることが可能です。代表的なサービスは下記となります。

① 郵便物の受取➡ atena

郵便物の内容確認，PDF化，保管までをすべてクラウドで完結できるサービスです。郵便物をデータ化して通知（メールのほか，Slack，Microsoft Teams，Chatworkなどでも通知可能）を受け取ることができます。チーム機能を使って，各部署に郵便物を自動で仕分けることも可能です。クラウド上で，書類をPDF化し，転送することや郵便物の破棄まで行えるサービスです。

② 郵便物の発送➡ Web ゆうびん，ネット de ゆうびん

Web上からWordやPDFをアップロードすることで，印刷・封入・発送のすべてを指示することができるサービスです。Webゆうびんは郵便局が行っているサービスで速達や内容証明の発送も可能です。ネット deゆうびんは機能が充実しており，両面印刷，製本，返信用封筒の同封も可能です。いずれのサービスも手作業を行うことを考えると手数料が割安なためお薦めです。

③ FAX ➡メッセージプラス，MOVFAX

インターネット上からファイルをアップロードすることでFAXを送信し，受信時にはデータでFAXを受け取ることができるサービスです。サービスによってFAX番号による担当者への振分機能といった機能の違いがあります。ペーパーレスでFAX業務を行うことが可能で，送受信の履歴管理も行うことができます。

⑷　書類発行

　顧客情報・従業員情報・会社情報等をもとに定型的な書類を一括で発行することは，社内業務の効率化と業務の標準化のために大切な取り組みです。

　会計事務所の業務の中でテンプレートが決まっており，反復継続して作成される書類の発行は，kintone や iPaaS の機能で PDF やドキュメント，スプレッドシートの形式で自動作成することができます。

図表 4 − 30　内部書類と必要情報

書　類　例	必　要　情　報
見積書	顧客情報，会社情報，担当者情報
請求書	顧客情報，会社情報，担当者情報
契約書	顧客情報，会社情報
解約合意書	顧客情報，会社情報
電子申告同意書	顧客情報，会社情報
議事録テンプレート	顧客情報
覚書	顧客情報，会社情報
収納代行申込書	顧客情報，会社情報
ダイレクト納付依頼書	顧客情報
宛名	顧客情報
雇用契約書	会社情報，担当者情報
辞令	担当者情報

　書類作成後に電子契約と機能を組み合わせたり，メールを送付したり，書類発行後の業務プロセスも考えることで，発行だけでなくその後のフローに応じた自動化も行うことが可能です。

　顧客情報・担当者情報・会社情報をもとに作成する書類は，顧客業務の現場や総務，人事などの社内の両方で多く存在します。書式も会計事務所によって異なるため，テンプレートを一覧化し，発行頻度が高いものから自動発行を進めていくと良いでしょう。

7 業務の自動化

　業務の自動化はDXの目的ではなく，業務を効率化するための手段となります。DXの過程で業務のデジタル化を行い，プロセスを最適化したものについて，自動化できる業務は積極的に開発を進めていきます。手作業をなくしていくことで，エラーを減らし，作業速度の向上，コスト削減が期待できます。

図表4−31　自動化

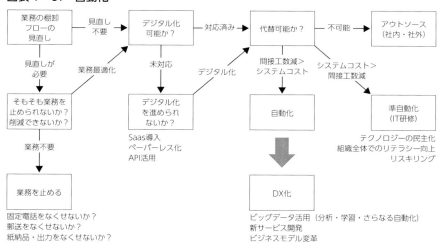

　自動化を進める上で大切なのは，業務の最適化を先に進めることです。最適化されていない業務の自動化は処理工程が変わらないため，業務を機械が代替しただけで根本的な業務プロセスに変化がありません。

　業務の自動化には，図表4−32のような手段があります。いわゆるRPAと言うと，オンプレミス型が主流で，PC上の操作を機械が代替することを指してきました。オンプレミス型のRPAはインストール型の税務システムの操作指示を行える半面，インストールしたPCでしか利用できないことやソフトウェアのアップデート対応が維持コストを高める原因となっていました。大量

図表4－32　業務の自動化の手段

手段	概　　　要
オンプレミス型 RPA	PC やサーバーに直接インストールして使用する自動化ソフトウェア
クラウド型 RPA	インターネットを通じて Web 上の操作を自動化するソフトウェア
iPaaS	SaaS 同士をクラウドで連携することができるプラットフォーム
API	SaaS 間で情報を交換するための仕様，開発や連携ツールが必要

に発生する単純作業の自動化には向いていますが，都度発生する業務への利用は起動を行う手間もあり，会計事務所での活用は特定の業務に限定されているのが現状です。

　業務をデジタル化し，SaaS を中心としたブラウザ上での操作が多くなってくるとクラウド型 RPA が効果を発揮します。オンプレミス型のようにインストールが不要なため，誰でも Web 上で RPA を利用することが可能で，Web 上のサービスを同時並行で処理していくことが可能です。

　RPA は流行とともに進化を続けており，現在は RPA3.0として業務プロセスの中での処理実行を進めていくことで社内の圧倒的な業務効率化が進むと考えます。

図表4－33　RPA の進化

RPA1.0	オンプレミス型システム操作の自動化，大量業務のまとめ処理
RPA2.0	無料かつ高機能 RPA（Power Automate Desktop など）が普及し，導入の敷居が低下
RPA3.0	クラウド型 RPA の活用により，ワークフロー× RPA を実現

　ワークフロー× RPA は，例えば「承認完了」というトリガー（きっかけになるプロセス）が発生したら，それをもって次の処理がクラウド上で実行される自動化です。オンプレミス型の RPA でもスケジュール実行などの半自動化を行うことが開発により実現可能でしたが，実行までのタイムラグやエラー時

の検知が難しいという課題がありました。

　クラウドRPAの活用でこれらの課題が解消され，従業員がRPAソフトを起動することなく，業務の自動化処理を実現できます。処理がクラウド上で実行されるため，利用者もRPAがどう動いているかを意識することなく利用できます。

　サン共同税理士法人ではクラウドRPAとしてクラウドBOTを利用して，kintone×クラウドRPAの活用で下記が実現可能となっています。

| 例1 | Webゆうびん処理の実行 |

① 導入前フロー（アナログ）

　郵便を紙出力で対応する場合は，郵便作業に出社が必要となります。郵送用原稿を印刷してプリンタまで取りに行き，用紙の封入作業や切手の金額確認などが必要でした。送付後は郵便履歴をノートに記載し，ポストへの投函が必要となります。

　担当者と作業者を分けている場合には業務に2名が関わり，工程も多いため，ミスや担当者による履歴記載の省略などが起こりやすいフローでした。

図表4－34　RPA-Webゆうびん before

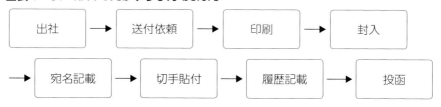

② 導入後フロー（デジタル×クラウドRPA）

　導入後はkintoneに登録された情報から顧客や税務署情報を選択し，送付する資料のデータを添付，処理実行ボタンを押すという3ステップで操作が完了します。

Webゆうびん自体の操作はRPAが行うため，サービスの操作手順を担当者が覚える必要はありません。宛名書きや投函の手間も不要となります。郵便履歴はkintone内に自動保管することが可能です。

図表4－35　RPA-Webゆうびん after

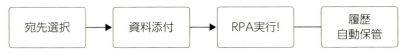

| 例2 | Web FAX処理の実行 |

①　導入前フロー（アナログ）

　ファックス送信は官公庁や一部の顧客を中心に対応を求められる業務のため，減らすことはできても通常はなくすことができない業務です。ファックスの送信は複合機で対応する会計事務所が多く，送付には出社しての対応が必要です。ファックス送信履歴も複合機内に保管されるため，担当者が履歴を管理できない状況でした。

図表4－36　RPA-Webファックス before

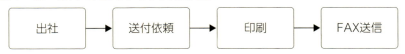

②　導入後フロー（デジタル×クラウドRPA）

　導入後はkintoneに登録されたファックス番号を顧客管理情報から取得し，ファイルを添付，処理実行ボタンを押すだけでファックスが送付できます。
　送付のたびにファックス番号を複合機で確認したり，複合機内に番号を保管設定するということが不要となります。送付履歴もkintone内に自動保管することが可能です。

第 4 章　業務別 DX の進め方　　115

図表 4 −37　RPA-Web ファックス after

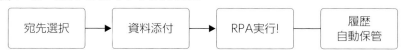

| 例3 | 利用者識別番号・利用者 ID 取得 |

① 導入前フロー（アナログ）

　創業の顧客との関与開始時には，電子申告のために e-Tax/eLTax の開始届出が必要となります。利用者識別番号と利用者 ID の取得には，国税・地方税それぞれの申請 Web サイトでの登録申請が必要となります。

　手作業で進める場合には，情報をコピーしたり，手入力をしたり，結果についても PDF でダウンロードしてから保管したりという作業を行っていました。

図表 4 −38　利用者識別番号・利用者 ID 取得 before

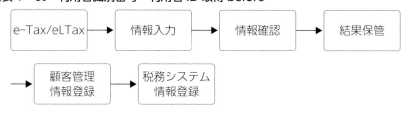

　登録のための情報は，登記情報や顧客から取得した個別情報を参考にしますが，これらの顧客管理情報は関与開始時には「契約書」「e-Tax/eLTax 登録」「届出書」「顧客管理システム」などさまざまな場面で必要となり，利用の都度コピーをしたり，資料を確認したりが必要となります。

② 導入後フロー（デジタル×クラウド RPA）

　導入後は kintone の顧客管理情報に e-Tax/eLTax 登録で必要情報を登録しておくと，ボタン 1 つで利用者識別番号の取得，利用者 ID の取得と，申請後の情報の自動保管が行えます。保管データを確認後，別の RPA を起動するこ

とで，税務システムへの基本情報登録も行う一連の自動化が可能です。

図表 4 − 39　利用者識別番号・利用者 ID 取得 after

　kintone の顧客管理情報を他のサービスで利用しやすい形式で保管しておくと，クラウド RPA の利用でさまざまな Web サイトの処理が可能となります。一度正しい情報を登録しておくと，さまざまな場面での利用ができることが顧客情報管理を行うメリットの 1 つです。

例 4	申告のお知らせ取得

①　導入前フロー（アナログ）

　決算作業時に確認する申告のお知らせの取得についても，ログイン情報を確認して，その都度サイトにログインして確認する必要がある作業です。税務システムによっては情報を申告システムに取得することができますが，お知らせ情報の保管は確認画面を開いて出力することが必要です。

図表 4 − 40　申告のお知らせ取得 before

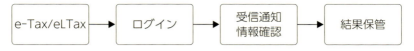

②　導入後フロー（デジタル×クラウド RPA）

　お知らせ取得についても顧客管理情報に必要な情報が登録されていれば，RPA での書類の自動取得と保管が可能です。必要情報の数値の取得もできるため，納税試算に利用するなどの活用も行えます。スケジュールを実行することで決算月の顧客の情報の一括取得なども設定可能です。

図表4-41　申告のお知らせ取得 after

| 例5 | 源泉所得税の納付指示 |

① 導入前フロー（アナログ）

　源泉所得税の納付について，電子納税の普及を進めていくと納付書の手書きや郵送手続きが減る一方で，システム操作方法の習得や顧客案内方法の検討など今まで必要でなかった手続きが発生します。

　特に源泉所得税の納期の特例の時期は処理が立て込むため，会計事務所側で納付手続きを支援する場合には，業務が集中することになります。電子納付処理は税務システムで行うこともできますが，電子化や送付後の確認などの手順が煩雑となります。

図表4-42　源泉所得税の納付指示 before

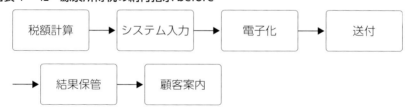

② 導入後フロー（デジタル×クラウドRPA）

　一連の処理についてクラウドRPAで自動化処理を実装すると，納付指示〜履歴の保管までを自動で行うことができます。テンプレートメールの機能も併用すると，申請後の顧客への案内文書も納付方法に応じてすぐに作成することができるため，送付ミスや案内漏れを防ぐことにもつながります。

　実装する自動化処理はアイデア次第でなんでも可能です。その他に，kintoneなどのSaaSの操作，Webからの登記簿謄本の取得依頼なども行うこ

とができます。

図表 4 − 43　源泉所得税の納付指示 after

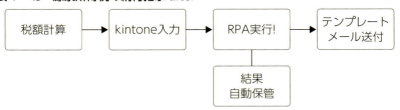

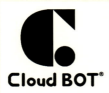

サービス名：クラウド BOT®
提供会社：株式会社 C-RISE

　クラウド BOT® は，Web ブラウザを自動操作する BOT（ロボット）をノーコードで作成できる，クラウド型の RPA サービスです。単純なデータ入力業務から Web アプリケーション間のデータ連携など，Web ブラウザ上で行っているさまざまな操作をクラウド上で自動化することができます。

　クラウド BOT® はフリーミアムなクラウド型の RPA サービスとして提供しており，有料プランも月額3,000円からと手軽なコストで本格的な業務の自動化を実現できます。また，最新のサーバーレス技術を活用することでロボットを安定的に実行することができ，低価格でありながら，高品質なロボットを作成できます。

8 これまでの取り組みと利用ツール

サン共同税理士法人では，アナログな業務から試行錯誤を繰り返して，業務のデジタルシフトと自動化を進めてきました。これまでの取り組みや現在（2024年5月時点）利用しているツールの一部を掲載します。

【取り組み】

◇DocuWorks® による Web 調書，社内レビュー体制作り

◇RPA 開発

◇スマートフォン貸与，ディスプレイ貸与

◇テレワークガイドライン作成

◇VDI 導入

◇Google Workspace 導入（Gmail，Google ドライブへのプラットフォーム切り替え）

◇全体会議の Web 化

◇社内研修の動画アーカイブ

◇社内向けラーニングシステムの開発

◇クラウド会計への全面的な切り替え

◇新規顧客へのデジタルバックオフィス推進

◇kintone 導入

◇トースターチーム導入

◇Google スプレッドシート×GAS 開発

【利用ツール】

プラットフォーム	：kintone
グループウェア	：Google Workspace
メール	：Gmail

ストレージ	：Google ドライブ，BOX
スケジュール	：Google カレンダー
Web ミーティング	：Google Meet，Zoom
コミュニケーション	：Google Chat，Chatwork，LINE WORKS
電子契約	：GMO サイン，freee サイン for kintone
請求管理	：MakeLeaps
RPA	：EzRobo，Power Automate Desktop，クラウド BOT
iPaaS	：Yoom
マニュアル作成	：トースターチーム
商談 AI	：FrontAgent
電話受付	：fondesk
PC ログ	：みえるクラウド ログ
郵便	：Web ゆうびん，ネット de ゆうびん
FAX	：メッセージプラス

コラム　RPA から始まった R&D の取り組み

宮川：今でこそデジタルイノベーション事業部を作って研究開発に取り組んでいますが，こういった風土は RPA の活用から始まっています。

朝倉：業界でも浸透しなかった頃からさまざまな RPA をめちゃくちゃ作り込んでましたよね。ただ，当時はまだ RPA が高価なものでインストールしないと使えず，すごく作り込んでもシステムの仕様変更があるので全社展開できないということがもどかしいところでした。

宮川：環境作りもですし，使う側のリテラシーもですし，保守にもかなりのコストがかかりますよね。

朝倉：そうなんです。作って終わりになるというか，作品として終わっちゃうんですよね。RPA だけでなく，業務システム作りも社内の仮想環境の運用もですが，一つ一つには時間をかけて取り組んでいても，全体的にデジタル化の取り組みがつながっていない感じがしました。

宮川：Google Workspace への移行などプラットフォームをクラウドに切り替えながら，身軽なデジタル環境構築に考えをシフトし始めて，少しずつ一つ一つの取り組みがつながってきましたよね。

朝倉：確かにワークスペースに Google を選んだことは大きかったかもしれません。求める働き方が円滑にできるプラットフォームなので，今では業務に欠かせないものになっています。

宮川：RPA についても新しいツールも出てくる中で試行錯誤し，今ではワークフロー連動型のクラウド RPA に行きついて有効活用できている気がします。実現する可能性を諦めずに模索したというのは大きかったと思います。

朝倉：そうですね，諦めるということを考えたこともなかったですし，今もずっと追いかけている感じですね。kintone の承認プロセスと連動する RPA や SaaS 活用は，業務にとっても欠かせない R&D になっています。

宮川：シンプルにファックスを送ったり郵便物を送ったり，e-Tax を操作するということが業務フローの中で実行できたり，実行した結果が kintone の顧客情報に蓄積するのは求めていた形です。利用者から見えない形の自動化がなされることが究極形だと思っているので，手続きを正しく確認して進めると，RPA が後ろで動いて作業が終わっているという，ようやくその世界観が作れたかもしれません。

朝倉：申告システムがクラウド主流になって，ブラウザ上で業務が完結できるようになるとより力を発揮できそうですし，その未来も遠くない感じがしますよね。

第5章

おわりに

1 テクノロジーの進化と会計事務所の未来

　1942年に税務代理士法が制定されてから，既に80年強が経過しています。その間，業務の手段は，紙からパソコンへ，そしてクラウドへと変わってきています。また，計算の手段であったそろばんや電卓も利用頻度が低くなり，表計算ソフトが主流となっていましたが，今後は計算自体の自動化がAIによって進む未来が見えてきています。

　法律の改正を通じて税務はより煩雑になり，その度にそれぞれの会計事務所が対応を進めてきましたが，人の手でそれらに対応し続けるのは難しい時代になってきました。

　直近の法改正や今後の電子インボイスといった方向性も，業務のデジタルシフトと業務の自動化を行うプラットフォームが社会の中に浸透していくことを前提にした大きな流れであると考えます。この流れに対応していかなければ会計事務所の未来はないため，生き残りをかけ，会計事務所は業務のデジタル化を自ら進め，組織のITリテラシーを高めていくことが必須です。

　税理士という職業の独占業務は高度で複雑ではあるものの，経営者から見ると経営サービスの1つに過ぎません。

　自社の業務を，

① 税務業と捉えるか
② 代行会社と捉えるか
③ 経営支援業と捉えるか

で生存戦略は大きく変わってくるでしょう。

　売上を増やすための攻めの手段は，業種や業務，地域への特化など多岐にわたりますが，守りの手段はDXを進めていくことに他なりません。それは会計事務所の大規模化や特化が進んでいく中でも共通しているものと考えます。

図表5－1　業務手段の変遷

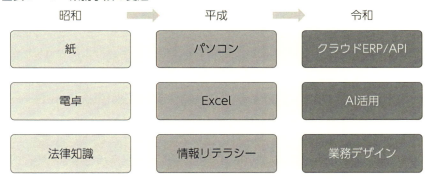

2 AIとの付き合い方

　ChatGPTが発表され，凄まじい勢いで世の中に普及しています。これまでも何度かAIブームはありましたが，これほど身近にサービスを感じられるようになったことは大きな転換点です。スマートフォンが普及してガラケーに戻ることがなくなったように，ここから先はAIとともに仕事を行う未来になっていくことは間違いありません。

　これまでのAIについては，AIが仕事を奪うという漠然とした不安や，AIが業界にどんな影響を及ぼすか，といった負の面から多くが議論されてきました。本書を執筆している間にも，想像以上のスピードでAIは進化を遂げてお

り，業界外では動きの速い大手を中心に，経営戦略の舵の切り方を大きく変えているところも出てきています。既に大概のことは人間が行うよりも優秀で，特に，事業計画作成，業界平均との比較分析，財務分析，レポート作成，仕訳データからのエラーチェックなど，今までは専門業の付加価値と思われていたような作業領域は，AIのほうが短時間で効果的な案を作成可能です。今後もAIにできることは乗数的に増えていくでしょう。

図表 5 - 2　AI を利用して何をしたいか

実現すること	懸念点／可能性
条文レベルのわかりやすい解答は簡単に出せるようになる	使う側は理解していないケースが増える ⇒　解釈／活用（提案／経験値）が差となる
Web 上のコラム等アウトプットが爆発的に増える	ソース不明，何が正しいかわからない ⇒　本物の価値が高まる
生成 AI を活用する人の生産性が上がる	活用する側は 1 人で行える業務が増える ⇒　生成 AI 領域と重複すると AI と戦うことになる
ビッグデータを持つ（活用する）組織がリードする	会計事務所に CRM を活用するところはほぼない ⇒　顧客の定性データ (kintone) 活用による差別化
会計事務所×会計事務所，会計事務所×ベンダー，ベンダー×ベンダーの提携や協業が進む	1 社では対応できない技術，データ，活用 ⇒　積極的な協業が成長の鍵となる

　これからの会計事務所に大切なのは，AIで何ができるかということ（CAN）を考えることはもちろんですが，AIという新しいテクノロジーを利用して何をしたいか（WILL）を考え，そのために今何をしなければならないのか（MUST）を考え続けることだと考えます。

　その思想を持ってAIを活用していくためには大きく2つの投資が必要となります。

> ① 環境作りへの投資
> ② 教育への投資

　AIを活用する環境作り（AIが働きやすい職場作り）を行うためには，まずは業務をデジタル化し，ビッグデータを蓄積する環境作りが大切です。AIが進化しても自社にそれを利用するためのデータが蓄積していなければ，その機能を活かしきれません。これは小規模事務所でも大手事務所でも取り組むのに遅すぎることはなく，業務革新を全社に浸透させやすい小規模な事務所のほうが取り組みやすいことだと考えます。

　もう1つが，組織のITリテラシーを高めるべく教育にリソースを割いていくことです。幸い社外には優れた研修を短期間で受講できるサービスが多くあります。ITのリスキリングは税務の習得のように時間のかかるものではないため，短期間のトレーニングで習得可能です。

　AIをどう活用するかという内容については，それぞれの会計事務所が得意とする領域で異なりますが，使う側のITリテラシー向上と発想の転換を行っていくという部分は土台として共通しているため，それを組織の風土とできる会計事務所が伸びていくことは間違いないでしょう。

３ 求められるスキル

　土台としての法律の知識や，税務や会計といった基本的な知識習得が必須であることは，どんなにテクノロジーが進化しても変わらないでしょう。個々の業務の本質を習得するための手続きにショートカットはなく，知識の吸収と経験を積み上げることを繰り返す以外の方法はありません。

　ただし，知識の活用については，業務の本質を理解しITリテラシーの高い人とそうでない人はAIを使いこなせるかという点で，業務のスピードに大きな差が生じていくことになるでしょう。業務がデジタル化していく状況では，

ITリテラシーを高めていくことが，会計事務所に限らず働く上で必須となります。

　今後個人として求められるスキルは「設計」「設定」「決定」の3つだと考えられます（図表5－3）。テクノロジーの普及によって単純作業が自動化されると，業務をいかにデザインし，法律に則った正しい設定を行うことができるかが重要な能力となることは間違いありません。バックオフィス業務は単純作業のようですが，業務がデジタル化することで人に求められるのは，よりクリエイティブな領域となります。

図表5－3　求められる3つのスキル

スキル	設計 〜design〜 （デザイン力）	設定 〜structuring〜 （仕組作り・運用）	決定 〜decision making〜 （提案し実行する力）
前提　リテラシー	デジタル技術		
土台　知識	税務	会計	財務
法律	税理士法	税法	民法

　その上で，より良い提案を顧客に対して行い，意思決定に関わることのできる人がテクノロジーを活用し，付加価値の高い業務を提供できる人材となっていくでしょう。その人材は一言で言うと「デジタルに強くアナログな付き合いができる」人ということです。決してデジタル対応ができる（手段としてのデジタルの活用が得意）人ではありません。

○　デジタルに強くアナログな付き合いができる
　→Webミーティングやチャットのデジタル対応はあくまで手段，目的は経営者対応

> →クライアント対応以外はテクノロジーを活用して効率化
>
> →クライアントの要望に対して個別事情を加味した最適解を考える
>
> × アナログに強くデジタルな付き合いができる
>
> →Webミーティングやチャットで対応することを目的と捉える
>
> →紙資料回収など業務のデジタル化を進められず，いつまでも同じやり方

テクノロジーがどのように進化してもそれを使いこなすのは人であるため，現実体験（アナログ）のほうが記憶に定着し，成長を促すきっかけとなります。提案のロールプレイング，スピーチ，紙伝票を実際に記載してみる，銀行窓口で振込業務を行ってみるといった経験を行うことで提案にも説得力が生まれ，業務の変化の前後を経験していることで，デジタル化の利便性やメリット・デメリットを自分で言語化できるようになります。そういった教育はすぐに答えを出してくれるAIと違い，一朝一夕で習得できるものではありません。DXで生まれた時間をそこに投下できる組織作りを目指していきましょう。

4 さあ変革に取り組もう

IT業界から会計事務所に転職して衝撃だったのは，その日の予定をホワイトボードで共有していること，朝礼や朝掃除といったアナログな取り組みでした（今思うとサービス業を行う上での基本を教えてもらう洗練された原体験だったと思います）。

会計事務所業界としては，業務のデジタル化は遅れていましたが，コロナ禍をきっかけに一気にデジタル化の風土が形成され，変革が今まさに進もうとしているところだと考えます。今までが進んでいなかったからこそ，DXに取り組む会計事務所は，テクノロジーの活用による生産性の向上に，伸びしろしかありません。

DXを進める際にまず取り組むのは，テクノロジーの選択（手段）ではなく，組織の発想転換（意識付けや風土）と教育をどう行うかという部分であり，そのためには戦略の策定が重要です。業務プロセスの見直しについてはエネルギーのいる作業ですが，これからの会計事務所の業務を考える上では必須の取り組みです。

これから創業する会計事務所は，これをゼロから作ることができるため，先進的な会計事務所や業界外の組織をベンチマークしていくことで，今までの業界の仕事のやり方とは異なる前提の組織作りをスピード感を持って行えます。

会計事務所におけるDXの旅は，これからが本当のスタートです。本書を通じて，デジタル技術がもたらす可能性と，それを活用することでどのように業務が変わるかを少しでも共有できたようであれば幸いです。しかし，DXは知識を得るだけでは十分ではありません。これからは，その知識を実際の行動に移し，自身の会計事務所に適した変革を進めていく必要があります。DXは単なる技術導入ではありません。それは新しい働き方へのシフトであり，会計事務所が未来に向けて成長していくための継続した取り組みです。

変革を始めるのに遅すぎるということはありません。さあ，知識を行動に移し，会計事務所の未来を切り拓く第一歩を一緒に踏み出しましょう。

コラム AIと業界外の動きについて

朝倉：AIの浸透は大きな黒船だと思っています。今はAI前の時代に入っていると思うんですよ。革新的なプロダクトが浸透するのが来年なのか5年後なのか10年後なのかわからないですけど……。

宮川：それは間違いないですね。過去にも何度かAIブームみたいなことが起こるたびに，社会に浸透するハードルとして，技術的にもコスト的にも壁がありましたが，今回はそれを突破してスマホが浸透した時のような流れがたった1年でできています。

朝倉：後発組でAIを活用して大きくなる会計事務所は，ビジネスモデルが違うので追いつけなくなるような状況になってくると思うんですよね。早くAIの技術を勉

強して取り入れておけばよかったなとなるのではないでしょうか。もちろん，絶対ではないですが，ただ，それぐらいのインパクトはあるものだと思うので，そこはしっかり追いかけていきたいところです。

宮川：ChatGPT の発表を受けてからずっと技術的なところや活用について追いかけていますが，根本的には会計事務所にビッグデータが蓄積されていないという危機感があるのでそれを蓄積するプラットフォームを作ってきたことがあります。AI が技術的にも安定してきたので，ここからはそれを使って何をしようかを考え続けて，プロダクトに起こしていくフェーズだと思います。

朝倉：AI ができないことを業務の主軸にしていないと残れないと思います。だから AI ができることをイメージできてない状態はまずいと思うんですよ。そもそも AI に置き換えられることに時間をかけているということなので……。

宮川：既に財務分析や前期比較分析とかも AI のほうが優秀で，付加価値と思われているものは定義し直さないといけませんね。AI に CSV データを投げたら優秀なレポートとトークスクリプトを出してくれて，それをデジタルヒューマンにしゃべらせるということは容易に想像できます。データ（知識）を蓄積してアウトプットすることは，AI のほうが優れていることを認め，活用する側の価値観をアップデートして組織としての発想も切り替えていかないといけないですね。

朝倉：テクノロジーを活用できる環境が手の届くところにあるので，力を入れるところを間違えないようにしたいです。機械が得意なことは，機械が使いやすいようにするとこにお金と時間をかけていくべきで，そこで蓄積されるデータの活用やアウトプットをもっと考えていかないといけません。AI については色々な方が，同時並行的に水面下で考えていることが間違いなくありますよね。どのタイミングでそれが世に出てインパクトを与えていくかは分かりませんが，それは業界内ではなく業界外の動きのほうが早くて大きいと思います。

宮川：AI の活用や業界に与えるインパクトも業界外で起きる可能性のほうが高いですよね。業界内でどう使っているかではなくて，他の業界の方や若い方がどういう感度で考えて使おうとしているか，情報に触れていかないといけないと思います。これからの会計事務所経営について考える上で，業界外の動きは今まで以上に敏感に感じ取っていかないといけないですね。

朝倉：業界外を見ておくのは面白いですし，経営者という立場で言うと私は社会全体や市場をまず見ているので，常に業界外に視点があります。業界内で比較したり競い合っていては絶対ダメだと思うんですよね。海外も見ていかなければいけないですし，業種で言うと IT 業界の中でもリーダーシップを取って伸びている会社，組

織の IT リテラシーが高い会社は注目しています。

宮川：今は SNS を通じて最新の情報が得られるからありがたいですね。労働集約型のビジネスモデルを無視して生産性を上げている方は，皆さんテクノロジーや新しいプラットフォームを活用される方たちです。

朝倉：労働生産性という観点や AI の活用という点では，海外のほうが優れていると言われているので，考え方やテクノロジーもよいものはどんどん取り入れて新陳代謝していきたいところです。業界外の情報に触れていると，具体的に何をやっていくかというところの解像度が上がっていきますね。

あると便利！
巻 末 付 録

DXを進めていく際にあると便利と考えられる資料を収録しました。ぜひご活用ください。

目 次

1－1	DXビジョンマップ	135
1－2	DXビジョンマップ（記入例）	135
2－1	現状分析シート	136
2－2	現状分析シート（記入例）	137
3－1	業務見直しステップ	138
3－2	業務見直しステップ（記入例）	139
4	SaaS選定シート	140
5	SaaS棚卸シート	141
6－1	DX施策の目標管理シート	142
6－2	DX施策の目標管理シート（記入例）	143
7－1	業務プロセス図	144
7－2	業務プロセス図（記入例）	145
8	データプラン管理状況	146
9	重要書類の取扱いに関する案内状サンプル	147
10	テレワーク関連資料	148
11	ウェブ会議のルール	153

1−1　DXビジョンマップ

プロジェクト名			
担当者			
DXを進める真の目的			
	1年後	2年後	3年後
DX後の理想像			
実現のための手段			

時期	年　月	年　月	年　月	年　月	年　月
内容					

1−2　DXビジョンマップ（記入例）

プロジェクト名	デジタル化推進プロジェクト		
担当者	○○，△△		
DXを進める真の目的	業務のデジタル化を通じて既存のプロセスを再構築し 働き方，生産性，営業の面から業務を革新していく		
	1年後	2年後	3年後
DX後の理想像	・業務プラットフォームのクラウド化により業務デジタル化の基盤を構築する ・顧客業務のクラウド化を浸透させる	・CRMを導入しビッグデータ蓄積を開始する ・業務プロセスを刷新する ・社員のデジタル教育基盤を整える	・蓄積したビッグデータを基にAI活用を進める ・これまでの取り組みの評価を行い，継続的に改革を進める土台を作る
実現のための手段	・Google Workspace導入 ・Gmailへの切り替え ・電子調書導入 ・クラウド会計，給与導入	・kintone構築 ・業務基準書作成 ・トースターチーム導入 ・LMS導入	・BOT開発 ・評価制度刷新 ・DX事業部創設

時期	2024年6月	2024年7〜8月	2024年8月	2024年9月〜2027年8月	2027年8月
内容	現状分析	プロセス見直し	アクションプラン作成	実行	評価と戦略の見直し

2－1　現状分析シート

業務		課題	現担当者	改革の影響度	改革のボトルネック
分類	詳細				
顧客管理					
顧客業務					
営業管理					
生産管理					
販売管理					
労務管理					
書類管理					
社内業務					

巻末付録　　137

2－2　現状分析シート（記入例）

業務 分類	業務 詳細	課題	現担当者	改革の影響度 ◎：高,〇：中,△：低	改革のボトルネック
顧客管理	顧客マスタ	CRM がないため顧客管理が一元化できていない，顧客番号ルールがない	—	影響：◎ 効果：◎	システム選定
	進捗管理	顧客情報との連携が行えていない，利用していない従業員がいる	—	影響：〇 効果：〇	従業員への周知
	契約管理	顧客情報入力などの二重入力が発生している，契約プロセスが不明確	総務	影響：〇 効果：△	業務プロセス再構築
顧客業務	クラウド会計	社内での利用者の偏りがある，利用率が伸びない	—	影響：〇 効果：◎	社内浸透
	クラウド給与	導入できる従業員が少ない，利用率が低い	—	影響：〇 効果：◎	導入目標管理
	納税方法	紙納付書の利用が高い	—	影響：〇 効果：〇	導入目標管理
営業管理	コンタクト管理	新規営業の履歴管理が行えていない	所長	影響：△ 効果：△	解決手段の情報不足
	商談	商談情報の蓄積がない	—	影響：〇 効果：△	システム選定
	業務プロセス	商談～契約～立ち上げまでのプロセスが不明確	—	影響：〇 効果：◎	業務プロセス再構築
生産管理	日報	日報管理を行っていない／浸透していない	—	影響：〇 効果：〇	社内浸透
	予定	予定管理が一元化できていない	—	影響：〇 効果：〇	ルール統一
	工数分析	集計に手間がかかる，実際の売上との連動がない	—	影響：〇 効果：〇	基準作り
販売管理	見積書	管理の一元化が行えていない	担当者	影響：◎ 効果：◎	システム導入による仕組み化
	請求書	管理の一元化が行えていない	経理	影響：◎ 効果：◎	システム導入による仕組み化
	入金管理	担当者が即時に確認できない	経理	影響：△ 効果：◎	業務プロセス再構築
労務管理	勤怠	勤怠と日報が連動していない	総務	影響：〇 効果：◎	ルール統一
	テレワーク基準	テレワーク基準が導入されていない	総務	影響：〇 効果：〇	基準作り
	評価	働き方が変わっても評価制度が見直されていない	所長	影響：〇 効果：〇	基準作り
書類管理	共有ストレージ	クラウド移行を行いたい	—	影響：〇 効果：〇	システム選定
	顧客へのデータ共有	専用ストレージがない	—	影響：〇 効果：〇	システム選定
	フォルダルール	命名ルールが不明確	—	影響：〇 効果：〇	ルール統一
社内業務	郵送	書類郵送に伴うオペレーションコストが高い	総務	影響：△ 効果：◎	業務プロセス再構築
	FAX	複合機からしか FAX 送受信できない	総務	影響：△ 効果：〇	解決手段の情報不足
	稟議	稟議のクラウド移行を行いたい	総務	影響：◎ 効果：〇	業務プロセス再構築

3－1　業務見直しステップ

業務名	

	STEP	内容	1人目	2人目
1	俯瞰する	全体業務のどの位置づけか？ 前後のフローは何か？ 自分以外に誰が関わる？		
2	分ける	手続きを細かく分けられないか？ 複数の手続きを内包していないか？		
3	止める	業務を止められないか？ 止めたときの影響は何か？		
4	変える	手段を代替できないか？ システムを置き換えられないか？ 手順を変えられないか？		
5	減らす	フローを最適化できないか？ 二重業務を排除できないか？ 伝言ゲームをなくせないか？		
6	投げる	他のスタッフに依頼できないか？ アウトソースできないか？		

３－２　業務見直しステップ（記入例）

業務名	固定電話で電話を受ける

	STEP	内容	1人目	2人目
1	俯瞰する	全体業務のどの位置づけか？ 前後のフローは何か？ 自分以外に誰が関わる？	・大きく分けて顧客，税務署，営業の電話に分けられる ・対応は総務又は出社担当者が行い内容に応じて電話メモを担当者に通知している	
2	分ける	手続きを細かく分けられないか？ 複数の手続きを内包していないか？	・顧客から担当者への問合せ，社内連絡，営業（新規顧客），営業（税理士法人に対するテレアポ），税務署や都税事務所などからの連絡 ・受電，メモ，担当者への通知の手続きがある	
3	止める	業務を止められないか？ 止めたときの影響は何か？	・担当者にスマートフォンを貸与し，名刺に直通番号を記載することで顧客からの問合せは無くすことができる ・税務署専用番号の利用など，仕組みによって受電すべき電話かどうかを切り分けて止めることができる ・顧客対応については慎重に進めるが，それ以外の影響は少ないことが予想される	
4	変える	手段を代替できないか？ システムを置き換えられないか？ 手順を変えられないか？	・顧客連絡についてはチャットへの代替や，チャット内の通話機能への代替が考えられる ・受電の窓口を一本化して不要な電話対応を担当者が行わない仕組み作りは行うことができる	
5	減らす	フローを最適化できないか？ 二重業務を排除できないか？ 伝言ゲームをなくせないか？	・固定電話への連絡と担当者への直通連絡が重複しないよう顧客への案内を考える必要がある ・該当担当者が誰なのかすぐに確認できるよう CRM を構築する	
6	投げる	他のスタッフに依頼できないか？ アウトソースできないか？	・営業については専属スタッフでの対応を行うことが考えられる ・fondesk などの活用で顧客以外の受電をアウトソースし，不要な電話対応を減らすことが考えられる	

4 SaaS 選定シート

業務名	

サービス名		①	②	③
サービス概要				
サービス開始時期				
強み・弱み				
UI	デザイン全体			
	UI			
	シンプルさ			
機能	最低機能充足			
	機能数			
	特徴的な機能			
価格	イニシャル			
	サブスク			
	従量課金（現状数）			
	従量課金（規模拡大後）			
	API 利用料			
	その他オプション			
柔軟性	カスタマイズ性			
拡張性	サービス連携			
	開発会社の状況			
	開発予定			
連動性	API 公開			
	データインポート			
	データエクスポート			
	連携ツール			

巻末付録　141

5　SaaS 棚卸シート

会社名		
担当者名		
拠点数		
従業員数		
	役員	●名
	社員	●名
	パート・委託	●名
	（合計）	●名
部門管理		(ex. 要・不要)
担当管理		(ex. 要・不要)
利用システム		
	会計システム	
	給与システム	
	業務プラットフォーム	(ex.GWS, O365)
	リモート会議	(ex.Meet, Teams, Zoom)
	クラウドストレージ	(ex.GoogleDrive, Dropbox, OneDribe, BOX)
	プロジェクト管理	(ex.Backlog, Asana, GitHub)
	社内コミュニケーション	(ex.Slack, Chatwork, Google チャット)
	社外コミュニケーション	(ex.Slack, Chatwork, Google チャット)
	カレンダー	(ex.GWS, O365)
	メール	(ex.Gmail, Outlook)
	情報共有	(ex.Evernote, Notion, トースターチーム)
	電子契約	(ex. クラウドサイン, GMO サイン, Great Sign, freee サイン)
	勤怠管理	(ex ジョブカン, KING OF TIME, HRMOS, jinjer)
	労務管理	(exSmartHR, HRBrain, freee 人事労務, オフィスステーション, jinjer)
	請求システム	(ex.freee 請求書, MF 請求書, Makeleaps, Bill One, 請求管理ロボ)
	入金管理（消込）システム	(ex.freee 請求書, MF 請求書, Makeleaps, ROBOT PAYMENT, V-ONE クラウド)
	顧客管理システム	(ex.kintone, Zoho, Hubspot, Salesforce)
	営業管理システム	(ex.Zoho, Hubspot, Salesforce)
	リモートアクセスツール	(ex.TeamViewer, Chrome リモートデスクトップ)
	文書管理	(ex.Docuworks, Adobe Acrobat)
	RPA	(ex.UiPath, WinActor, PowerAutomateDesktop, クラウド BOT)
	iPaas（システム連携ツール）	(ex.PowerAutomate, Yoom, Zapiar)
	その他	
請求システム		
	出力帳票	(ex. 見積書, 納品書, 請求書, 領収書)
	請求発行枚数	(ex.100〜200枚／月)
	発行方法	(ex. 紙, PDF, データダウンロード)
	帳票郵送機能	(ex. 有・無, 要・不要)
	帳票メール送信機能	(ex. 有・無, 要・不要)
	入金管理（消込）機能	(ex. 有・無, 要・不要)
	部門管理	(ex. 有・無, 要・不要)
	会計システム連動	(ex. 有・無, 要・不要)
	契約システム連動	(ex. 有・無, 要・不要)
	CRM 連動	(ex. 有・無, 要・不要)
	イニシャルコスト	(ex. ○万)
	ランニングコスト	(ex. ○万／月)
業務改善要望		
	SaaS 間の連携最適化による間接工数削減	
	業務フロー整理	
	新たな Saas 選択・試用	
	インボイス・電子帳簿保存法対応	
	顧客情報の一元管理	
	業務の自動化	
その他		

6－1　DX 施策の目標管理シート

業務		現状			理想像	手段	スケジュール	
分類	詳細	仕組み化	デジタル化	システム化			開始	終了
顧客管理	CRM							
	進捗							
顧客業務	会計システム							
	給与システム							
	コミュニケーション							
	納税							
	納品							
営業管理	マーケティング							
	問合せ							
	商談							
生産管理	スケジュール							
	日報							
	ログ							
販売管理	見積書							
	請求書							
	入金管理							
労務管理	採用							
	労務							
	勤怠							
書類管理	契約書							
	ストレージ							
	マニュアル							
社内業務	稟議							
	電話							
	郵便							
	FAX							

巻末付録　143

6−2　DX施策の目標管理シート（記入例）

業務		現状			理想像	手段	スケジュール	
分類	詳細	仕組み化	デジタル化	システム化			開始	終了
顧客管理	CRM	済	済	未	顧客情報の一元管理 ビッグデータ活用準備	kintone		
	進捗	済	未	未	CRMとの連動 過去の履歴の蓄積と参照	kintone/スプレッドシート		
顧客業務	会計システム	済	50%	―	クラウド型100%	クラウド会計ソフト		
	給与システム	未	30%	―	クラウド型100%	クラウド給与ソフト		
	コミュニケーション	済	済	済	チャットツール導入100%	Chatwork		
	納税	済	60%	未	ダイレクト納付申込100%	ダイレクト納付		
	納品	済	済	済	Web納品の仕組み化	ストレージ納品		
営業管理	マーケティング	未	済	済	MAツールでの業務自動化	Hubspot		
	問合せ	未	50%	未	MAツールでの業務自動化	Hubspot		
	商談	未	未	未	商談履歴の管理，分析を可能に	商談AI		
生産管理	スケジュール	80%	済	済	Googleカレンダーのみで一元管理	Googleカレンダー		
	日報	済	済	済	翌営業日までに全員提出	kintone		
	ログ	未	未	未	日報との分析，主要利用ツールの分析を可能に	みえるクラウド		
販売管理	見積書	未	済	未	一元管理とCRMとの連動	kintone		
	請求書	未	済	未	一元管理とCRMとの連動	kintone		
	入金管理	済	済	未	請求書情報との連動	Makeleaps		
労務管理	採用	未	未	未	採用活動履歴の蓄積と効率化	HRMOS		
	労務	済	済	未	従業員情報管理の一元化と効率化	SmartHR		
	勤怠	済	済	済	勤怠システムと労務管理との連動	ジョブカン		
書類管理	契約書	済	済	済	kintoneと連動した契約プロセスの構築	GMOサイン		
	ストレージ	済	済	済	共有サーバーのクラウド化	Googleドライブ		
	マニュアル	済	済	済	マニュアルの一元管理	トースターチーム		
社内業務	稟議	済	済	済	稟議情報の一元化	kintone		
	電話	済	未	未	ハードに依存しないクラウド管理体制の構築	PBX		
	郵便	済	済	済	履歴管理の自動化と紙資料の廃止	Webゆうびん		
	FAX	済	済	済	履歴管理の自動化と紙資料の廃止	Web FAX		

144

7－1　業務プロセス図

No.	業務	プロセス	担当者	上位者	総務	業務説明
				アクター		
1						
2						
3						
4						
5						
6						
7						
8						
9						
10						
11						
12						
13						
14						
15						

7－2 業務プロセス図（記入例）

No.	業務	プロセス	担当者	上位者	総務	業務説明
1	契約	事前準備 / 契約締結 / 請求準備	開始 → 顧客マスタ登録 → 契約書作成 —申請→	承認 —契約締結→	電子契約 → 契約データから請求情報作成	契約に必要な顧客情報の登録 契約書の報酬内容から毎月の請求情報を作成する
2						
3						
4						
5						
6						
7						
8						
9						
10						
11						
12						

（担当者欄の「承認」から「契約書作成」へ「差し戻し」）

8 データプラン管理状況

デジタル対応状況

□クラウド会計	□導入済 □未済	□現金取引	□あり □なし
□クラウド給与	□導入済 □未済	□郵送	□あり □なし
□ネットバンキング	□導入済 □未済	□ダイレクト納付	□導入済 □未済
□連絡手段	□メール □チャット □電話	□報告手段	□対面 □Web

記帳状況

※預金口座・クレジット取引の数に合わせて列を追加してください。

プラン		現金取引 (現金勘定)	預金取引 (預金勘定)	預金取引 (預金勘定)	クレジット取引 (未払金勘定)
プラン		小口現金	○○銀行	○○信用金庫	○○カード
①自動連動プラン	○○会計システム		－	－	－
①自動連動プラン	△△会計システム		○	○	○
①自動連動プラン	○○会計システム		－	－	－
①自動連動プラン	ほか（　　　）		－	－	－
②半自動プラン	CSV データ提供		－	－	－
③Excel プラン	Excel 提供	－	－	－	－
④PDF プラン	PDF 提供	－	－	－	－
⑤郵送プラン	紙提供	－	－	－	－
レビュープラン	自計化	－	－	－	－

	総仕訳	現金取引 (現金勘定)	預金取引 (預金勘定)	預金取引 (預金勘定)	クレジット取引 (未払金勘定)
仕訳数					

※会計ソフト仕訳数の数字を入力（現金勘定・預金勘定の元帳の仕訳数など） 仕訳

(1) 「現金取引」でのデータプランへの取り組みコメント

(2) 「預金取引」でのデータプランへの取り組みコメント

(3) 「クレジット取引」でデータプランへの取り組みコメント

(4) 複合仕訳，決算整理仕訳の留意点や改善点の取り組みコメント

複合仕訳　　：銀行借入返済，利息等のグロスアップ，給与，支払報酬（源泉），固定資産売買など
決算整理仕訳：未払税金，減価償却，貸引，売掛金計上，在庫計上，未払計上，前払費用など

その他コメント

9 重要書類の取扱いに関する案内状サンプル

重要書類の取扱いに関するお知らせ

平素より皆様におかれましては，格別のご高配を賜り誠にありがとうございます。

さて，○○税理士法人（以下「当法人」といいます。）では，税理士法第2条に規定する業務（（1）税務代理（2）税務書類の作成（3）税務相談及び付随業務）を行うにあたり，お客様の領収書等の重要書類（以下「重要書類」とする。）の取り扱いに関する情報管理セキュリティポリシーを以下のとおり定め，当法人職員全員に周知し，徹底を図ります。

―重要書類の取り扱いに関する情報管理セキュリティ基本方針―

当法人では，以下の理由から，郵送等により重要書類を直接お客様からお預かりすることを禁止し，重要書類は郵送等ではなく，メール等のデータ送付又は共有フォルダ等のデータ保存の方法によりご提供いただくこととします。

（原本送付禁止の理由）
1. 重要書類を郵送する場合，郵送による重要書類の紛失リスクをゼロにすることはできない
2. 重要書類を直接原本でお預かりする場合，重要書類の管理の問題が生じる
3. 重要書類の入力情報に認識の齟齬が生じた場合，重要書類の送付履歴が残らないため，事後的に確認をすることができない等

以上

なお，原本からの入力の依頼を検討されるお客様は，当法人以外の入力代行会社をご紹介することも可能ですので，担当者までご連絡ください。

お客様にはご迷惑をおかけ致しますが，税理士法人としての情報セキュリティ管理の徹底のため，何卒ご理解賜りますよう宜しくお願い致します。

○年○月○日
○○税理士法人
代表社員　税理士　○○○

10 テレワーク関連資料

テレワーク勤務運用ガイドライン

Ⅰ　テレワーク勤務の目的

1　業務効率（生産性の向上）

　電話や会話の影響を受けず，各自の
ペースで集中して作業を行うことによ
り，オフィス勤務よりも業務効率を高
め生産性を向上させる。

2　通勤負担の回避（生産性の向上）

　通勤による移動時間をなくすことに
より業務時間及びプライベート時間
（学習・趣味娯楽・家事・育児・睡眠
時間等）を確保する。

　通勤による満員電車等の肉体的・精
神的疲労負担をなくすことにより勤務
時間中の集中力を増加させる。

3　女性活躍（人材の確保）

　出産・育児・介護あるいは配偶者の
転勤などの状況においても柔軟な働き
方ができる環境を整備する。

4　優秀な人材採用（人材の確保）

　働き方の選択肢を増やして長く働け
る環境をつくり，優秀な人材の採用に
繋げる。

5　災害・体調不良・インフルエンザな
どへの対応（事業継続）

　緊急災害や体調不良などで出勤でき

ない事態に備え，常に遠隔でも業務が
できる環境を整備する。

6　ペーパーレス化促進（事業継続・コ
ストダウン）

　資料管理コスト削減，紛失リスク削
減，業務効率面（遠隔確認可能）から
ペーパーレス化を推奨する。

7　コスト削減（コストダウン）

　オフィスのフリーアドレス化などに
よりオフィス環境の維持コスト削減を
図る。

Ⅱ　テレワーク勤務制度の概要

1　在宅勤務の対象者

　原則として，以下の要件を満たした
パートを含む全従業員を対象とする。

(1)　会社が必要と認めた者

(2)　入社後2年以上経過した者

(3)　在宅勤務の実施環境条件を満たして
いる者

(4)　自宅で業務遂行することにより作業
能率又は生産性の向上，健康福祉の
改善，育児・介護制度の充実等が認
められる者

2　在宅勤務の実施環境条件

　原則として，以下の要件を満たした実
施対象者

(1)　通信環境

会社貸与のスマートフォンのテザリング又は会社貸与のポケット Wi-Fi 利用とするが，セキュリティ対策実施済みであれば自宅のネットワークを利用することも可能とする。

(2) パソコン

会社貸与の PC 以外でも仮想化環境で業務を行う場合に限り自宅 PC の利用も可能とする。

(3) モニター

会社貸与モニター利用のほか，自宅のモニターやテレビ画面などへの HDMI 接続も可能とする。

(4) 机・椅子

事務所と同じような環境が整備されていることを条件とするが，ダイニングテーブルなどでの業務も可能とする。

(5) プリンタ

電子調書化を条件とするためプリンタの使用も可能とするが，出力した紙資料は必ずシュレッダーで廃棄することとする。

(6) 備品関連

必要な備品は会社に申請し，承認を得たうえで，会社より支給することとする。

(7) 携帯電話

会社貸与のスマートフォン又はビジネス用のアプリ電話を使用する。

(8) メール

勤務時間中はオフィス勤務と同じ水準でメールは確認できる状態とする。

(9) FAX

個人直通の FAX 番号でやりとりする。

設定前は翌日対応か，オフィス勤務者に PDF 送付してもらうがオフィス勤務者に負担をかけないようにする。

3　在宅勤務の実施

在宅勤務中は業務に専念する。

オフィス勤務時でも常に在宅でも作業ができるように仕事を進めることを意識する。

特別に規定された項目以外は，在宅勤務でも基本はオフィス勤務と同様となる。

在宅勤務によるオフィス勤務者への負担を避けるため，連日の在宅勤務は避け，計画的に在宅業務とオフィス業務を行うことを心掛ける。

4　在宅勤務の対象業務

原則として下記のようなオフィス勤務業務を除く，通常業務とする。なお，セキュリティ上及び作業効率上で問題となる業務は対象外とする。

→ 集荷，発送，ATM 振込，電話対応，IT 環境不具合対応，製本，電子申告等

→ 来所，訪問，クライアント送付資料確認　等

在宅勤務時はオフィス勤務では集中しにくい各自の業務（メルマガ・HP 記事，執筆，HP 更新などの広報業務）を優先することを心掛ける。

5　在宅勤務の実施頻度

随時在宅勤務するものとし，平均週 1

〜2回を在宅勤務とする。在宅勤務を推奨するためにも，月2回は必須とする。

会社が認めた者については常時完全在宅勤務（フル在宅勤務）を認めることとする。

6　在宅勤務実施場所

原則は自宅とするが，実施環境を満たしている場合には自宅以外も可とする。ただしセキュリティには十分注意する。

在宅勤務時の通信費及び水道光熱費等は，従業員の負担とする。

7　在宅カレンダー

在宅スケジュールは前月末までに確定し，翌月実施する。

在宅スケジュールは前月20日までに総務に在宅勤務希望日を連絡し，各自カレンダーに登録する。

8　業務実施前報告

在宅業務を行う場合には作業前に業務予定報告をメールで行う。

9　業務完了後報告

実施前と実施後に時間ごとの業務内容をkintoneの日報アプリ，メール等で報告する。

10　在宅勤務時の連絡体制

オフィス勤務同様，在宅勤務時中は業務に関する電話・メールの対応が行えるようにする。

11　勤怠管理（在宅勤務の始業時刻と終業時刻）

コアタイム以外の時間帯の業務開始，業務終了は自由とするが，オフィス勤務同様，在宅勤務中（休憩時間以外）は業務のみ行うこととする。

在宅勤務時の連絡体制が整った状態であることをもって，在宅勤務中であるものとし，始業及び終業の時間は自己管理するものとする。

12　人事評価

テレワークがルール通り運用されているかどうかは評価の対象となる。

テレワークがうまく運用できているかどうかは人事評価としても重要となるため，テレワークの実施状況について評価者，被評価者ともに十分に話し合う必要がある。

13　情報セキュリティ対策

紛失によるセキュリティ対策の観点から，自宅に紙情報を持ち込むことを禁止する。

在宅勤務時においてもオフィス勤務時においても資料は常にデータ化し，紙での保管を禁止する。

紛失によるセキュリティ対策の観点から，データのローカル保存を禁止する。

クライアント訪問などで調書が必要な際は，紙調書ではなく，電子調書（PC，タブレット）を使用する。

14　税理士法の順守

　テレワーク勤務として認められる勤務は，在宅勤務及びモバイルワーク勤務（出張先ホテル等）に限るものとし，勤務地以外のオフィススペースなどを利用して働くいわゆるサテライトオフィス勤務（レンタルオフィス，コワーキングスペースなど）については，税理士法第40条第3及び4項に規定する二カ所事務所禁止規定に該当するものとして必ず禁止する。

　テレワーク勤務を実施する者は，上位者及び関与社員にテレワーク勤務の実施状況につき都度報告し，上位者及び関与社員は，税理士法第41条の2に規定する使用人等の監督義務の規定に従い，テレワーク勤務者のテレワーク勤務について管理・監督を必ず行うこととする。

　テレワーク勤務を実施する者は，税理士法第40条第3及び4項に規定する二カ所事務所禁止規定及び税理士法第41条の2に規定する使用人等に対する監督義務を理解し，順守することを前提とする。

15　誓約書

　テレワーク勤務を実施する者は，本ガイドラインを十分理解した上で，テレワーク勤務に関する誓約書に署名した上で実施することとする。

〇〇税理士法人
代表社員 〇〇 様

テレワーク勤務に関する誓約書

　私（以下「乙」という。）は〇〇税理士法人（以下「甲」という。）でのテレワーク勤務実施に関し，下記に関する甲の研修（動画研修を含む）を受け，甲の運用及び法令を遵守することを誓約いたします。

（１）　テレワーク勤務運用ガイドライン（セキュリティ対策を含む）の順守
（２）　税理士法（二カ所事務所禁止規定，使用人等に対する監督義務）の順守

以上

＿＿＿年＿＿＿月＿＿＿日

住所＿＿＿＿＿＿＿＿＿＿＿＿＿＿＿＿＿＿＿＿＿＿＿＿＿＿＿＿＿

氏名＿＿＿＿＿＿＿＿＿＿＿＿＿＿＿＿＿＿＿＿＿＿＿＿＿㊞

11　ウェブ会議のルール

ウェブ会議ルール

例）

会議内容	進捗会議	進捗会議はウェブを前提とする
参加時間	13：59	1分前（13：59）には参加して待機し，参加者が揃った時点ですぐに開始する。開始時間（14：00）になっても参加しない人がいなくても待たずに開始する。
開始時間	14：00～	原則は30分で終了。終わり次第終了を心掛ける。
主催者	○○	主催者が事前準備，参加者の選定，当日の司会進行，議事録確認，次回日程確認まで行う。
参加者	○○，○○，○○	指名された参加者は有意義な会議となるように会議で発言し，会議に貢献する。
議事録作成者	○○	指名された議事録作成者はクイックな議事録作成を行う。

（1）　会議の種類
- 進捗会議，全体会議，プロジェクト会議，パートナー会議，など

（2）　会議の目的
- アイデアの発掘（入力作業の効率化，無駄な業務の削減など）
- ミス防止の確認（届出書の提出もれなど）
- 進捗状況の管理（決算，届出書など）
- 情報・事例の共有（税制，他社事例，事故事例など）
- 育成（新人は先輩の話を聞くことが勉強になる）
- 重要事項の意思決定（担当変更，備品購入など）

（3）　会議のルール
- 必要なプロジェクトは会議体を設置し，目的が達成されたら会議体は解散する。
- 急ぎや重要な案件は会議でまとめて報告ではなく，チャット・メールで迅速に共有する。
- トップダウンではなくボトムアップとなるように，主催者・参加者全員で会議に貢献する。

（4）　会議開始前準備
- 会議の主催者は事前にアジェンダを準備し，参加者全員に事前（前日まで）に共有する。
- アジェンダは原則として Google ドキュメントとするが，継続的な会議での場合は kintone の議事録アプリを利用する。
- ノープランの会議，事前準備のない会議は行わない。
- 主催者は事前資料を読むだけにならないように注意する。
- 原則ウェブ開催で，会議の様子はレコーディングし，不参加の人も後日確認できるようにする。（レコーディングしても意味がない場合はレコーディング不要）
- 主催者は継続的な所内プロジェクト・所内会議につき，議事録，会議資料を保存するためのフォルダを作成し，周知する。
- 会議のダブルブッキング防止のため，主催者は所内参加者に対して Google カレンダーの会議出席依頼を送信する。Google カレンダーには，アジェンダ，該当フォルダ，ウェブ会議 URL などの会議に必要な情報を明記する。

（5）　スタート時間
- 参加者は開始 1 分前までに入室して，マイクオフ，カメラオフで待機する。
- 主催者は全員が揃った時点（13時59分など）で会議を開始する。
- 全員が揃わなくても，開始時間（14時00分など）になったらすぐに会議を開始する。
- 参加が遅れている人は待たない。

（6）　参加者
- 発言しない人は参加しない。
- 振られたら必ずコメントする。賛成・反対・質問・感想くらいのコメントは必要。
- 参加者はウェブ会議の意思決定に貢献する意識を持つ。
- 分からないことはその場で確認し解決する。

（7）　メンバー紹介（特に外部とのウェブ会議）
- 参加者の中で初めて会う人がいる場合，主催者は自己紹介・他己紹介を必ずしてから開始する。
- 知らない参加者がいる場合，質問が生まれないなど会議の質の低下に影響する。
- ウェブ会議の自分の名前を表示する。税理士などは「〇〇（税理士）」など記載する。

巻末付録　155

（8）　会議時間
● 会議は原則（1時間ではなく）30分とし，できるだけ早く終わることを心掛ける。
● 原則として最大で1時間とし，1時間を超える場合は別途開催することを検討する。
● 会議時間はアジェンダの事前確認で無駄を省くことができ，短縮することができる。
● チャージレートを意識し，会議の総コストを認識する。

（9）　議事録
● 議事録担当は会議中から議事録を作成し，原則として会議の終了とともに書き終える。
● 議事録はスピードを優先し，議事録作成者より直接 kintone 申請を原則とする。
● 議事録作成者は（効率性の観点から）主催者とは別とする。
● 箇条書き OK で，読みやすい議事録とするための文章作成作業時間は不要。
● 会議終了後に時間をかけて作成する，ということは避ける。

（10）　会議終了後
● 主催者は会議によって何が決まったかを最後に確認する。
● 次回の会議の日程を決めて終了する。

以上

【著者紹介】

朝倉　歩　代表社員　税理士

サン共同税理士法人代表社員。昭和54年生まれ。武蔵大学経済学部卒業。

約12年間，デロイト トーマツ税理士法人にて経験を積んだのち，2016年にサン共同税理士法人を創設。創設6年目で日本全国10拠点を有する事務所へと成長。自社開発システムやRPA 導入など最新のIT を活用し会計事務所の業務効率化およびサービス品質の向上に注力。その経験を活かし会計事務所および事業会社向けに経理DX 支援・経理人材紹介支援を行っている。2021年〜2023年 辻・本郷IT コンサルティング株式会社の取締役歴任。

日本中小企業大賞2022にて「働き方改革 最優秀賞」受賞。東京税理士会麻布支部所属。

宮川　大介　CTO　税理士

サン共同税理士法人 北千住オフィス所長。サン共同デジタルコンサルティング株式会社 取締役。昭和59年生まれ。筑波大学第三学群社会工学類卒業。

スポーツデータ会社のシステムエンジニアとして就職し，プログラミングから上流工程・システムコンサルティングを経験。経営に関わる仕事がしたいという気持ちから税理士を志し転職。都内税理士法人にて勤務しながら税理士資格を取得し，中小零細企業から上場会社の税務に関わる。連結納税システム導入コンサルティングでは，延べ100社以上の導入に関わり，講師等を担当。2019年 サン共同税理士法人にマネージャーとして入社。2021年 同税理士法人のパートナーに就任。税理士業の傍ら，kintone を用いて1年で業務システムを構築し，API 連携による業務効率化を進めている。社内のDX 推進，戦略立案のほか，AI 時代に向けたビッグデータ活用，教育分野にも力を入れている。東京税理士会足立支部所属。

【事務所紹介】

サン共同税理士法人

2016年6月創設。日本全国の2000社以上の企業に対し，創業支援から経営拡大まで幅広いサービスを提供する総合会計事務所です。会社設立からクラウド会計の導入，記帳代行，税務申告のほか，社会保険労務士・行政書士・司法書士と連携し，資金調達，助成金・補助金，節税財務支援，経理代行，経営拡大，IPO 支援までワンストップサービスを提供しています。税理士20名以上，各業種に特化した専任のスタッフを含む120名以上が在籍しており，チャットやオンライン会議を通じて迅速にお客様の経営課題解決の支援を行っています。

所在地：〒107-0062　東京都港区南青山1-1-1　新青山ビル東館15階

電話：03-3572-5831（代表）

ホームページ：https://san-kyodo-tax.jp/

会計事務所のDXの進め方

2024年10月20日　第1版第1刷発行
2025年4月15日　第1版第4刷発行

著　者	朝　倉　　　歩
	宮　川　大　介
発行者	山　本　　　継
発行所	㈱中央経済社
発売元	㈱中央経済グループ パブリッシング

〒101-0051　東京都千代田区神田神保町1-35
電　話　03(3293)3371(編集代表)
　　　　03(3293)3381(営業代表)
https://www.chuokeizai.co.jp

製版／東光整版印刷㈱
印刷・製本／昭和情報プロセス㈱

©2024
Printed in Japan

＊頁の「欠落」や「順序違い」などがありましたらお取り替えいた
しますので発売元までご送付ください。(送料小社負担)

ISBN978-4-502-51541-5　C2034

JCOPY〈出版者著作権管理機構委託出版物〉本書を無断で複写複製（コピー）することは，
著作権法上の例外を除き，禁じられています。本書をコピーされる場合は事前に出版者
著作権管理機構（JCOPY）の許諾を受けてください。
JCOPY〈https://www.jcopy.or.jp　eメール：info@jcopy.or.jp〉